永远是你的依靠
中国领保纪实
ZHONGGUO LINGBAO JISHI

新华社国际部◎编著

新 华 出 版 社

图书在版编目（CIP）数据

永远是你的依靠：2016中国领保纪实 / 新华社国际部编著.
-- 北京: 新华出版社, 2016.12
ISBN 978-7-5166-3018-1

Ⅰ. ①永⋯　Ⅱ. ①新⋯　Ⅲ. ①领事事务－中国－文集　Ⅳ. ①D821.53

中国版本图书馆CIP数据核字（2016）第298203号

永远是你的依靠：2016中国领保纪实

编　　著：新华社国际部

责任编辑：张　程　雒　悦		**封面设计**：臻美书装	
责任印制：廖成华		**责任校对**：刘保利	

出版发行：新华出版社
地　　址：北京石景山区京原路8号　　　**邮　　编**：100040
网　　址：http://www.xinhuapub.com
经　　销：新华书店
购书热线：010－63077122　　　　　**中国新闻书店购书热线**：010－63072012

照　　排：臻美书装
印　　刷：北京凯达印务有限公司
成品尺寸：160mm×230mm　1/16
印　　张：17.25　　　　　　　　　**字　　数**：200千字
版　　次：2016年12月第一版　　　　**印　　次**：2016年12月第一次印刷
书　　号：ISBN 978-7-5166-3018-1
定　　价：60.00元

目 录
CONTENTS

欧洲板块

北美洲板块

南美洲和大洋洲板块

全球纵览
QUANQIU ZONGLAN

祖国就在身边

——记中国驻外使领馆领保工作

身在万里之外的异国他乡，出入境受阻、护照丢失、遭遇车祸、受到不公正待遇……应该怎么办？这些是很多中国公民在国外都有可能遇到的难题。而处理这些问题，为海外中国公民排忧解难也正是中国驻外

中国驻美国大使崔天凯（中）

使领馆日常领事保护工作内容的一部分。

"不希望领保工作更多，因为不希望中国公民出事，但希望领保工作更好，在发生意外的时刻，让中国公民第一时间感觉到，祖国在身边。"中国驻美国大使馆副总领事李民的话，代表了中国领事官员的心声。

把领事服务送到公民身边

"我们的公民走到哪里，我们的领事服务工作就要跟到哪里，陪伴他们一路前行，"中国驻美大使崔天凯如是说。

5月中旬，美国西部。犹他州盐湖城阳光灼人，怀俄明州拉勒米风雨雪雹。自东向西，中国驻美使馆领事官员每年候鸟一般从华盛顿奔赴这里，现场受理中国公民护照、旅行证换、颁发及领取养老金资格审核表的申请……

"大家见我们有困难，我们就来见大家，"领事官员笑语殷殷。在华盛顿的驻美使馆负责15个州和华盛顿特区领事工作，几乎每个月都利用周末和节假日到路途较远的州现场办公。

从早上8时起，3位领事人员连续工作近10个小时，接待202人次，其中约180人通过材料初审，证件受理量创新高。

那不勒斯是意大利南部城市，距离首都罗马200多公里。这里有得

5月27日，在意大利那不勒斯，中国驻意大利使馆领事部的外交官（右）为当地华侨华人办理业务。

天独厚的海港和悠久丰富的文化，对华商来说蕴藏着巨大的商业潜力。

中国驻意大利大使馆领事部官员每年在那不勒斯现场办公一至两次，主要为当地华侨华人办理公证、认证以及护照等，近年来每次都有五六百人来办理业务。

"多亏中国使馆大老远来那不勒斯为我们办公，"怀抱着刚出生一个多月婴儿的王女士满脸欣慰地说，"要是抱着孩子赶去罗马办护照，耽误一天生意不说，刚出生的孩子跑那么远也受罪。"

驻意使馆领事部主任李帆说，除那不勒斯外，领事部每年要去首都以外十余个城市现场办公，平均每个月至少去一个地方。"现场办公能给华侨华人带来切实的便利，再辛苦也值得。"

以有限人力作出无限努力

"只要在赞侨胞有领保需求，使馆将尽最大力量维护大家的合法权益。人力虽然有限，但努力是无限的。"这是中国驻赞比亚大使杨优明对领保工作的诠释。

4月22日，中国驻赞比亚大使杨优明与赞比亚司法部部长恩戈萨·辛比亚库拉会谈，要求赞方保护我侨民合法权益。

5月5日凌晨，驻赞使馆办公室主任陈志宇接到紧急求助电话，在距离首都卢萨卡100多公里的中央省发生了严重车祸，两名中国同胞伤势严重，生命危在旦夕，需要马上转院到卢萨卡。陈志宇马上启动医疗救援预案，联系中国援赞比亚医疗队、当地医院、侨社等，组织协调转院事宜。凌晨4点，两名重伤员被运送到卢萨卡一家医院，因抢救及时而转危为安。

作为使馆唯一一位领事保护干部，陈志宇还同时承担使馆办公室、侨社等工作，任职两年多来手机24小时开机，随时准备应对交通事故、刑事案件等重大突发领保事件。

"职责所在，义不容辞，能够帮到遇到困难的同胞让我很心安，"陈志宇说。

驻美使馆领事保护官员周冠婷是一位身材纤细的姑娘，做事却有股韧劲。领保案件五花八门，处理交涉费时费力，很多电话都是半夜三更打来。

夜半铃声响过多少回，她已经说不清。曾经，她一夜接到一位母亲从国内打来的37个寻子电话。当她设法联络到这位留学生，才得知儿子觉得妈妈太过操心，到美当天没和家里联系。

使馆数据显示，去年中美人员往来人次475万，大陆赴美旅游人次300万，赴美中国留学生31万。平均一名中国领事保护官员，需要面对大约20万在美中国公民的领保需求。

加强预防性工作防患未然

"我认为新时期领事保护的重点在于加强预防性领保。要通过各种途径，增强侨民的法律意识和自我保护意识，这样才能减少劳务纠纷、移民事务、财产损失等方面的案件，"驻赞比亚使馆政务参赞陈世杰说。

陈世杰认为，预防性领保工作的目的是未雨绸缪，防患于未然，这包括两个方面：一是采取措施预防、减少领保案件的发生；二是做好各种准备，一旦发生领保事件，能及时有效处理。

为此，驻赞比亚使馆通过不定期召开中资机构和华侨华人座谈会、举办领事服务下基层活动、利用大使馆网站发布领事提醒、利用各种场

恐怖主义笼罩
领事保护的6个问题你要知道

NO.1 什么是领事保护？

中国公民、法人的合法权益在所在国受到侵害时，中国驻当地使、领馆依法向驻在国有关当局反映有关要求，敦促对方依法公正、妥善处理，从而维护海外中国公民、法人的合法权益。

中国目前有 **260多个** 驻外使领馆

NO.2 保护的合法权益都有啥？

人身安全　　财产安全　　合法居留权　　合法就业权

法定社会福利　　人道主义待遇　　24 当事人与我国驻当地使领馆保持联系的权利

NO.3 什么人可以得到保护？

拥有中国国籍的人

你可能是

01 定居国外的华侨

02 临时出国的旅行者

03 大陆居民

04 香港、澳门和台湾同胞

05 正办移民手续的人

NO.4 中国公民在何种情况下可以获得保护？

中国公民在当地所享有的合法权益受到侵害，中国驻外使、领馆有责任在国际法及当地法律允许的范围内实施领事保护

NO.5 领事官员可以提供哪些帮助？

1 补发丢失或受损的旅行证件

2 办理有关文件的公证、认证

3 为受侵害人提供咨询和协助

4 协助寻求当地社会救助

5 协助您与家人、朋友或雇主联系

6 向您提供律师、医生和翻译的名单

NO.6 中国公民在寻求保护时应注意什么？

1 提供真实信息

2 接受领事保护的意愿

3 要求不超出所在国国民待遇水平

4 不干扰外交部或驻外使、领馆正常办公

5 交纳办理各种证件、手续的费用

6 遵守当地和中国的有关法律法规

遭遇恐袭、受到性侵害……
特殊情况下如何寻求保护

合发布《领事保护和协助指南》等，向在赞同胞介绍当地法律法规。

美国华侨华人众多，领保工作内容五花八门。从钓鱼执法、月子中心到未成年留学生虐待同学入刑案，中国在美领保服务日益繁重，深受关注。

驻美使馆副总领事李民介绍说，很多中国公民对美国法律法规不了解，不能入乡随俗，需要领保官员下大力气做好预防性领事保护工作，增加他们的思想准备，"要想有事能立刻找到人，就得把工作做到前面。"

2014 年 8 月，中国驻日本大使馆开通微信公共号，发布包括自然灾害、购物陷阱等在内的多种提醒。

"我们也在不断地摸索，希望让我们的公共资源能惠及到更多的人。"驻日使馆参赞兼总领事王军还表示："在异国他乡遇到问题首先想到使馆是我们的光荣，使馆将会竭尽全力，进一步做好领事保护工作。"

（执笔记者：车玲、赵菁菁；参与记者：徐剑梅、葛晨、彭立军、

刘秀玲、马峥）

让中国人行走海外更安全

　　3月22日，欧盟总部所在地布鲁塞尔多处遭受恐怖袭击。一名中国人死亡，56名同胞滞留机场。同一天，两名中国女留学生在新西兰闹市奥克兰遭歹徒殴打和抢劫。次日，一辆从中国昆明出发的国际班车在老挝境内遭黑枪，6名中国人受伤。与此同时，非洲安哥拉流行的黄热病已造成至少3名中国人丧生，成百上千名同胞在焦急等待注射疫苗，以防范这一疾病的侵袭……

　　两天里，世界多地发生涉华安全事件，这种情况并不多见。然而，在海外华侨、中国驻外员工、留学生和中国游客的总数每年数以万计增加时，各种不安全因素对国人的命中率随之升高，则是令人担忧的事实。如何让国人出行海外更安全，既是对中国公民旅行常识和法律意识等文化素质的检验，也是对政府领事保护能力，甚至中华民族凝聚力的考验。

国家后盾铸就公民安全伞

　　2015年4月25日，尼泊尔发生8.1级地震。随后5天里，中国外交部领事保护热线"12308"的接通量暴增10倍。约2000名中国同

胞打了 500 通电话求助。这次，中方安全接回在加德满都机场滞留的
5600 多名中国公民。

新中国成立以来，中国政府已多次帮助同胞紧急撤离险境。第一次
大规模撤侨行动发生在 2008 年 11 月。当时，泰国曼谷机场因为反政府
示威游行被迫关闭，3346 名中国公民因此滞留。当中国驻泰大使馆官
员去机场看望同胞时，有人激动地唱起了《歌唱祖国》。

继那次成功撤侨之后，中国政府又多次与国家民航及旅游部门携手，
组织和帮助处于海地、吉尔吉斯斯坦、埃及、利比亚等动乱地区的中国
公民安全撤离。每一次大规模政府营救行动，无不彰显国家后盾的力量；
五星红旗下的每次安全撤离，都让海内外同胞大受鼓舞。

7 月 15 日，又有 54 名在
南苏丹的中资机构人员从
武装冲突不断的南苏丹乘
包机撤至苏丹首都喀土穆。
撤离人员在我驻苏丹使馆
协助下，通过"绿色通道"
快速完成入境办理。　新
华社社记者李紫恒摄

据外交部领事保护中心常务副主任李春林介绍，大规模撤侨行动之
外，海外领保官员的日常工作更多的是应对个体紧急情况，如护照等证
件被盗、出入境受阻、人员失联等。

目前，中国在海外各类劳务人员超过 100 万，留学人员几近 200 万。
截至 2014 年，有 500 多万中国同胞定居海外。2015 年中国公民出境游
达 1.2 亿人次。海外领保工作"刚需"显著。

"不管面对多大困难，本着外交为民的宗旨，我们都会尽心竭力，做好领事保护工作。"中国外交部长王毅在今年全国人大会议的记者会上说。

中国除了一线外交官，还有"境外110"。据统计，自1998年以来，中国公安部已在美国、英国、泰国、阿富汗、巴基斯坦、塔吉克斯坦等31个国家派驻了62名中国警务联络官。通过与驻在国警务机构的合作，他们多次在境外成功解救被绑架的中国公民、被拐卖的中国妇女等，是维护境外公民人身财产安全的强大后盾。

"政府要尽职履责，尽自己最大的可能，通过加强国际合作，来确保在海外中国公民的生命安全。"国务院总理李克强在2014年人大会议记者会上的话犹在耳边。

同胞联手共造安全网络

2015年尼泊尔大地震之后的加德满都，中餐馆是夜晚为数不多亮灯的地方。它们为滞留同胞提供食物和免费住宿。其间，不少当地的中国旅游从业者为帮助滞留同胞回国，义务奔忙于机场和市区之间。同年8月，泰国曼谷四面佛爆炸案发生后，距离爆炸点只有百米左右的警察总医院大厅里不断有华侨华人志愿者前来帮忙，其中有专业的医生、翻译，也有献血者。

在南非，由侨社发起的华人警民合作中心成立12年来，为配合当地警方打击针对华人的各类犯罪发挥了巨大作用，被中国国务院侨办授予"海外华侨华人互助中心"。近年来，法国和意大利等地社会治安趋于恶化，当地华侨华人或携手走上街头，通过游行示威表达安全诉求，或联合当地警方和律师通过座谈会等形式，加强警民沟通，并为同胞普及法律法规常识。今年2月，欧洲华人旅游业联合总会在英国伦敦启动中国公民旅欧应急救援基金，针对中国游客遭遇的突发事件搭建互助平台。

6月8日，在意大利罗马，中国驻意大利使馆参赞姚成（右三）和使馆领事部主任李帆（右二）与驻罗马的中国航空公司企业代表交流安防情况，提醒企业一定不能在安保措施上省钱，要严格按照意大利法律法规做好各项防范措施，这是对企业自身利益的最大保障。
新华社记者葛晨摄

互帮互助已经成为海外同胞遇到危难时的一种常态。3月22日布鲁塞尔恐怖袭击发生后，中国驻比利时大使馆立即启动应急机制，多方了解中国公民下落，联系移民局疏通过境同胞签证问题；海南航空公司为滞留同胞安排食宿，并紧急协调航班输送旅客；比利时江苏商会、华人青年联合会等社团为同胞送去饮用水、水果，并提供用车服务；滞留同胞多数从事基础建设和矿业开发等工程，需要前往非洲几内亚、塞拉利昂等国，在比中资企业专门安排联络人，统一协调并满足同胞需求……

安置同胞的忙碌中，中国驻比利时大使曲星感慨万千："看着这些动人的场景，我反复在想，中华民族经历了那么多艰难困苦，能够走到今天，正是因为有这种社会责任感和互助克难的民族意志。"

出行四海需守法学自保

进入4月，安哥拉的黄热病疫情已经夺去9名中国人的生命。这一数字已然超过近两年因当地社会治安日益恶化而对中国人造成的恶果。究其原因，疫情固然凶猛，但受害者自欺欺人的做法难辞其咎。

世界卫生组织、中国和安哥拉政府均规定：所有外国人到安之前必须接种有效期为 10 年的黄热病疫苗。但据安哥拉中国总商会透露，中国防疫工作组及中资机构医务人员多次收缴过伪造的《疫苗接种或预防措施国际证书》。

在中国，完成疫苗接种、取得疫苗接种证书，至少要花上百元，而造假的疫苗接种证书 10 元一本。为图省钱省事，不少人拿生命去赌运气。

今年 3 月份，一名中国游客在死海旅行期间不慎跌倒，引发颅内出血死亡，约旦使馆领事部主任李鑫晔立刻赶赴现场处理相关事宜。

因为蝇头小利而栽大跟头，是国人在海外常见的问题，其中既有让人叫苦不迭的低价团和零团费旅行纠纷，也有"小赌怡情"的陷阱。2015 年年底，中国驻泰国大使馆屡次接到华人因陷入赌局被限制人身自由和索要巨额钱财的报告。类似事件在越南等亚太国家也时有发生。为此，中国驻外使领馆特别提醒，境外赌局多涉嫌欺诈、绑架，危害极大，要特别当心。

李春林在接受新华社记者采访时说，近年来，领保案件数量激增。除了外部不安全因素增多外，中国公民因自身原因危及安全事件也不容忽视。

2013 年，一名上海游客在肯尼亚遭河马袭击身亡；2015 年 1 月，一名中国游客因驾车肇事，被判在新西兰禁驾 18 个月，并赔偿约 10 万元人民币；同年 5 月，在阿布扎比的一名中国游客对当地某大使馆及工作人员拍照被刑拘……

前车之鉴提醒国人，"不知者无罪"在"地球村"并不管用。除了知道求助，更要学会自保。谨慎小心、遵纪守法、出境问禁、入乡随俗才是平安法则。

（执笔记者：张欣；参与记者：王丙飞、郑斌、李颖、乐艳娜、葛晨、吴昌荣）

出境流 "破亿" 时代：
"风险保护" 你知晓几多？

新春长假来临，不少公众再次将海外旅游、探亲作为首选。

一个个的个体选择汇集的庞大数字是：我国内地居民年出境总人次已快速 "破亿"。旅游、劳务、留学、境外投资……一个颇具规模的 "海外中国" 正在形成。

但是，海外的世界并不完全如你想象般美好，种种难以预知的风险常常与开心惬意随行，凡此种种，也给我国领事保护工作带来了巨大压力。出境游遇到问题，你应该怎么办？海外中国公民的合法权益究竟该如何保障？

一年近 8 万起领事保护与协助案件的警示

这无疑是一组亮眼的数字：2015 年，内地居民出境人次突破 1.2 亿人次，中国在外劳务人员达 102.7 万，在外留学人员达 170.88 万，3 万家企业遍布全球近 200 个国家和地区。

这也是一组不可不知的实情：部分地区局势动荡，传统与非传统安全威胁交织，战乱、政局变动、自然灾害、传染性疫病等多种因素都可能给身处海外的中国公民和企业带来威胁。

外交部领事司司长郭少春介绍说，2015 年，中方共妥善处置了近 8 万起领事保护与协助案件，包括上百起重大领保案件，撤离战乱和自然灾害地区中国公民 6000 余人，安全营救遭绑架劫持人员 50 多名。

就在近期，领事司发布多条海外安全提醒，包括在安哥拉注意治安形势、在美洲相关国家和地区注意防范寨卡病毒、在格鲁吉亚注意防范甲型 H1N1 流感等。

对计划出境的你来说，重要的是，出游前要尽可能地了解旅行目的地安全形势，谨慎或避免前往安全风险高的国家和地区。同时，中国领事服务网（cs.mfa.gov.cn）和"领事直通车"微信公众号都会不定期发布海外安全提醒，可以在行前查阅。

入境遣返？这些尴尬离你并不远

据了解，目前，外交部全球领事保护与服务应急呼叫中心系统已覆盖全球 270 个驻外机构。系统热线 12308 自开通以来，接听了约 12 万通电话，受理案件 1.4 万起。

一位繁忙的商务"女飞人"，去缅甸出差比较紧急，打算办理落地签。可在飞抵缅甸后，缅方边检人员说，申请商务签证需提

供在缅公司邀请函以及邀请方营业执照复印件，且可以申请落地签证的入境口岸只有仰光国际机场和曼德勒国际机场。但这位女士事先并不了解相关规定，根本没有准备相关材料。于是缅方拒绝为她颁发签证，她只能返回中国，不仅耽误了工作，还要额外再支付回程的机票费用。

从12308热线接到的求助电话来看，类似这位女士的遭遇并不鲜见。不少人因为忽视了落地签的具体或附加条件，比如未能提供往返机票、在当地联系人情况、本人经济能力证明等材料而被拒之门外。

除了签证政策，目的地国家或地区的安全局势、法律法规、风俗习惯等情况也是出境人员应当在出境前就充分了解的。

"近年来，领保工作的一个理念就是预防为先，预防和处置并重。"郭少春说。

外交部已推出了一些预防性领保措施：除了网站和微信公众号的提醒发布，不少中国公民在国外旅游时，一下飞机就会收到安全提醒短信，告知当地的主要安全风险和中国驻该国使领馆领事保护应急联系电话。从2013年开始，安全提醒短信还增加了文明出游内容。

郭少春说，外交部正考虑在向出国人员发放护照时，或在机场等出境口岸，发放安全提醒手册、领保指南，有效扩大海外安全风险防范的覆盖面，不断提升出国人员的风险防范意识与能力。

"更便捷"的出行，值得期待

据了解，2015 年，中国护照的"含金量"继续稳步提升。截至目前，中国与 106 个国家缔结各类免签协定，与 38 个国家达成 62 份简化签证手续协定或安排，持普通护照的中国公民免签或落地签目的地已达 53 个。

美国、加拿大相继向中国推出有效期 10 年的签证；英法德意等国也纷纷缩短审批签证的时间。

与此同时，中国在去年同 13 个国家就设立领事机构或扩大领区达成协议。中国驻英国贝尔法斯特，马来西亚哥打基纳巴卢、槟城，土耳其伊兹密尔，德国杜塞尔多夫，巴基斯坦拉合尔等 6 个新领事机构相继开馆，扩大了领事服务的辐射范围。

郭少春说，2016 年，领事司将继续积极推进签证便利化工作，领事保护和服务工作也将继续完善，比如进一步打造"电子领事"平台，借助信息化手段让领事证件服务更专业化、精细化；领事工作线下线上相结合，在发放安全手册、领保指南的同时，优化网站的版面设计、内容分类，将重要信息放在更显眼位置；加强对出国人员文明出行的管理和引导，让中国公民成为受到世界欢迎的高素质群体。

（新华社记者王慧慧、郝亚琳、潘洁）

"预防是最好的保护"
——外交部领保中心官员谈海外中国公民安全风险防范

"随着中国公民和中资企业越来越多地'走出去',近几年,领事保护案件的发案率越来越高。从外部原因分析,涉及恐怖袭击的案件越来越多;另一方面,中国公民因自身原因导致的安全事件也不容忽视。"外交部领保中心常务副主任李春林接受新华社记者专访时强调,"其实,如果出境前做好功课,很多事情可以避免,预防就是最好的保护。"

据外交部领保中心统计,2015年,外交部和中国驻外使领馆共处理各类领事保护与协助案件8.6万余起,比2014年增长逾三成。

根据案件处理情况,李春林将威胁海外中国公民安全的主要风险分为6类:即国家和地区政局动荡,恐怖势力活动猖獗,社会治安欠佳,突发意外事件,自然灾害和公共卫生事件。

上述类型中,影响比较大的是国家和地区动荡,如2015年,外交部曾协助600多名中国公民撤离也门;而最常见的则是与当地治安状况相关的盗抢、绑架、行凶杀人等案件,这类事件在经济欠发达、枪支泛滥的国家和地区比较突出,但最近几年在发达国家也时有发生。另外,中国公民被恐怖袭击殃及的案件也越来越多。

李春林指出，"上述这些都是外部因素"，而近些年来，中国公民遇到的因自身原因引发的安全事件正在增多，其中包括不文明行为、法律意识淡薄、缺乏国际旅行常识以及无意中触犯禁忌等引起的事件。

"入境不问禁是很麻烦的。"李春林举例说："曾有中国公民带了一瓶酒入境沙特，被判处鞭刑。还有人到一些国家的敏感地区随意拍照，殊不知在中东的一些国家，随意拍照会被处理得很严重。另外，在移民局和海关关口等处拍照也是不允许的。"

李春林强调，中国的领事保护要维护海外中国公民的合法利益，但必须在遵守驻在国法律的前提下进行，负责领事保护工作的中国外交官既不能"护短"，也不是"保姆"。

如今，中国外交部领事保护中心已成立 10 年，领保工作的压力与日俱增。李春林说，压力一方面是因为海外中国公民基数大，国外安全形势不容乐观以及领保工作的人力投入跟不上发案数的增长；另一方面是因为在此问题上民众的期待和媒体的关注度越来越高。

据统计，中国内地公民出境人数在 2014 年是 1.16 亿人次，2015 年就达到 1.27 亿人次，增加了 1000 多万。"想想看，希腊全国人口才 1000 多万，而我们在国外的领保专职工作人员有限。"

安全出行　　　　　　新华社发 徐骏 作

李春林曾身赴一线参加过海地地震救援，处理过湄公河案件，参加过尼泊尔地震滞留中国公民的撤离工作，对于一线领保官员的压力和辛苦，他感同身受。"然而不管遇到什么困难，不管有多大压力，都不等于可以不作为。"要做好领保工作，除了加大人力投入外，也要拓展思路，比如推广领保联络员制度，发动侨社或使领馆与驻在国相关部门建立联席会议机制，侨社与当地警方建立警民合作中心，以方便中国公民报案等。此外，还要重视在国内对赴外人员的预防提醒，将领保工作阵地前移。

目前，"中国领事服务网"和"领事直通车"微信号均会及时发布重大风险提示，网站上对于出境注意事项也有详细介绍。外交部全球领事保护与服务应急呼叫中心"12308"热线开通1年半来，已经累计接听电话十多万次，协助166个驻外使领馆处理了1.5万余起案件。

此外，领保中心还与一些重点"走出去"的企业和机构合作，通过行前培训等方式，普及国外风险常识，提高有关人员的风险意识。

李春林还提醒境外的中国公民，一旦发生事情，首先要冷静理性，如果自身权益受到侵害，要依法向当地执法部门、警务部门寻求帮助，不要采取极端手段。如有需要，可向中国驻当地的使领馆咨询、求助。

（新华社记者张欣、于荣）

"领事保护"小百科

近年来，每当海外发生局势动荡，"撤侨"、"领事保护"等字眼就会频频出现在新闻中，通过媒体我们可以看到领事官员忙碌的身影。他们的出现，总能让慌乱中的同胞安心。

那么，领事保护在什么情况下会启动，能给公民提供何种保护？新华社记者采访了中国外交部领事司下属领事保护中心，带您一起了解领事保护究竟是怎么一回事。

基本定义

领事保护指一国的领事机关或领事官员，根据本国的国家利益和对

外政策，于国际法许可的限度内，在接受国内保护派遣国及其国民的权利和利益的行为。

狭义的领事保护是指，当派遣国国民（包括法人）的合法权利和利益在领区内受到违反国际法的不法行为损害时，领事官员同领区当局交涉以制止此种不法行为，恢复受害人应享有的权利和利益，要求对已受到的损害予以赔偿。

广义的领事保护还包括领馆和领事官员向派遣国国民提供必要的帮助和协助。《维也纳领事关系公约》和中国同外国签订的双边领事条约都确认领事官员有权帮助和协助派遣国国民。

如何保护

领事保护的定义听起来有点绕，简单来说就是，当中国公民在国外遇到困难、麻烦，小到丢了护照、钱包，或是生病、受伤，大到被逮捕、被拘留或被监禁，都可以向当地的中国使领馆请求帮助。

领事官员可会见该国民，视情况需要向其提供一切可能的帮助，或请求领区当局给予必要协助，以使该国民能享受或获得根据国际法、双边条约或接受国法律的规定应享有的权利和利益。使领馆可以应其请求推荐律师、翻译或医生，提供信息和必要的证明文件等。

据领事服务中心官员介绍，一旦某国突发政局动荡、自然灾害或大规模排华等对我侨民人身财产安全造成重大影响的事件，我领事机构将会在第一时间组织撤侨行动。

如何求助

凡是依照《中华人民共和国国籍法》拥有中国国籍者，都可以得到中国政府的领事保护。也就是说，只要中国公民，无论是定居国外的华侨，还是临时出国的旅行者；无论是大陆居民，还是香港、澳门和台湾同胞，都是中国提供领事保护的对象。

在领事服务中心的官方网站"中国领事服务网"上，提醒出境人员登录外交部网站和中国领事服务网，查询中国各驻外使领馆的联系方式以及相关旅行提醒、警告等海外安全信息。若目的地国与我国无外交关系，则可了解其周边国家的中国使领馆的地址与电话，以便就近求助。

不过，领事官员提醒广大出境者，领事机构不是万能的，不能帮您解决在国外的所有问题。领事保护不包括为您申请签证、居留证、工作许可证，不能将您留宿在使领馆内或为您保管行李物品，不能为您支付旅行、律师、医疗、翻译等费用。如果因被盗、被抢等原因出现暂时经济困难，公民首先应通过个人汇款等商业方式解决。如无法及时得到亲朋救助，使领馆可以提供小额资助。受助中国公民须签署"还款保证书"并提供国内还款人有效联系方式，回国后还款。

（编辑：杜健；新华国际客户端报道）

亚洲板块

YAZHOU BANKUAI

永远是你的依靠　2016 中国领保纪实

用心、用力、用情践行
"以人为本、外交为民"

——记中国驻迪拜总领馆领保工作

"迪拜是中国在中东地区的最大侨埠，领事保护工作情况复杂、任务繁重，我们总是提醒自己在工作中要时刻做到用心、用力、用情，才能真正践行'以人为本、外交为民'。"中国驻迪拜总领事李凌冰在接受新华社记者专访时如是说。

阿联酋迪拜近年来经济高速发展，作为"一带一路"沿线的重要节点，与中国的经贸和人员往来日益密切。长居迪拜的华侨华人已达27万，侨团组织30多个，在迪拜注册的中资企业达4000家，去年来迪拜旅游的中国游客超过45万人次。伴随这些数据而来的，是中国驻迪拜总领馆骤增的工作压力。

"中国公民要是在海外遇到困难或受了委屈，进了领馆门就是回到了娘家。"李凌冰说。

2015年6月初，一名福建同胞在迪拜遭抢劫遇害，总领馆接到消息后立即启动应急预案，联系迪拜警察局了解案情，督促警方尽快破案，联系遇害者家属处理善后工作。

这起案件引起当地侨胞恐慌，总领馆在事发当晚向当地华文媒体介绍案情和总领馆所做工作，向他们通报当地警方所采取的措施，促请他们在客观报道的同时配合总领馆安抚好侨胞情绪。

在各方共同努力下，案发次日犯罪嫌疑人即被抓获。总领馆还多方协调、协助遇害者家属妥善安排善后工作，指导家属与遇害者雇主达成赔偿协议。

迪拜警方负责人哈米斯在案件侦破后向李凌冰竖起大拇指说："迪拜有来自 200 多个国家和地区的 200 多万侨民，在我们眼里，中国总领馆是对本国侨民最为关注、最能维护本国侨民利益的外交机构，我们对你们全力确保本国公民安全和利益的努力深为钦佩，也为同你们并肩作战感到荣幸。"

驻迪拜总领馆与迪拜警察总局联合为当地侨民举办安全知识讲座。主席台左三为中国驻迪拜总领事李凌冰。

在迪拜，中国驻迪拜总领馆还是第一家提出与当地警方共同为侨民举办安全讲座的外交机构。迪拜警方表示，希望进一步密切与中国驻迪

拜总领馆的良性互动，愿为中国侨民和机构提供高效实用的安全服务和保障。

为推进中阿人员往来便利化，总领馆 2016 年年初还与迪拜大学孔子学院和迪拜华语学院协调，为迪拜移民局开设中文培训班。首批来自迪拜机场的 10 名一线移民局官员经过 4 个月中文培训后顺利结业，全都通过了汉语水平考试（HSK）中的一级考试。

参训学员阿德南说："学习汉语不仅能让我们更好地为中国人服务，也让我们更加了解中国。"

为推进中阿人员往来便利化，总领馆今年年初与迪拜大学孔子学院和迪拜华语学院协调，为迪拜移民局开设中文培训班。首批来自迪拜机场的10名一线移民局官员经过4个月中文培训后顺利结业。

"在工作时用汉语接待中国朋友，中国朋友就能更加直观地感受到来自迪拜的善意和友好。"学员法蒂玛说。

"国之交在于民相亲，中文培训项目虽不是直接面向华侨华人的领事保护，但实际上推动了迪拜政府工作人员更好地为华侨华人服务，这既密切了中阿友好交流、拉近了两国友谊，也是让华侨华人在当地工作生活更为便利的实事。"李凌冰强调。

"领保工作永远在路上，只要我们用心、用力、用情，我们相信一定能让每一位海外游子在最需要的时候感受来自强大祖国的温暖。"李凌冰说。

（新华社记者李震）

特殊环境下更要保障侨胞利益
——中国驻巴勒斯坦办事处领保工作纪实

地处中东地区的巴勒斯坦局势复杂。尽管常年生活在这里的中国侨民不过十几位，但中国驻巴勒斯坦办事处的领事保护工作却并不简单。"我们没有其他地区的现成经验可循，为了保障侨民利益，必须打破常规、不拘一格，"中国驻巴勒斯坦办事处主任陈兴忠这样说。

2016 年 4 月，中国驻巴勒斯坦办事处接到一个来自加沙的电话，电话是一位叫莫蓝的中国姑娘打来的。她在电话中语气焦急，希望办事处协助她和丈夫以及刚出生的女儿拉娜离开加沙，返回中国。

对大多数海外中国人来说，买一张机票便能回到故土，但身处加沙却没那么简单。2007 年，以色列加大对加沙的封锁，严格限制人员进出；2013 年，埃及政府以安全为由关闭与加沙相邻的拉法口岸，导致加沙地带 190 万人口几乎处于与外界隔绝的状态。现在，拉法口岸每年仅开放数次，主要为人道救援提供服务。

经过办事处人员的耐心询问，莫蓝情绪渐渐平静。在广东工作时，她与丈夫穆罕默德相恋结婚，夫妻二人 2015 年 12 月经埃及通过拉法口

2016 年 2 月 9 日，巴勒斯坦约旦河西岸城市拉姆安拉。中国驻巴勒斯坦办事处（巴办）主任陈兴忠（二排右四）及部分馆员与华人华侨及家人合影。新华社记者刘立伟摄

岸进入穆罕默德的老家加沙探亲，莫蓝于 2016 年 2 月在加沙生下女儿拉娜。正当二人准备带女儿回中国时，他们发现拉法口岸已经关闭数月，而莫蓝中国护照上的埃及签证也已过期。被困加沙的一家三口万般无奈下向中国驻巴勒斯坦办事处求援。

接到莫蓝的电话，陈兴忠当即决定，加沙地带安全局势极不稳定，办事处应特事特办，全力协助我公民出境。

2016 年 2 月 9 日，巴勒斯坦约旦河西岸城市拉姆安拉。中国驻巴勒斯坦办事处（巴办）举办华人华侨新春招待会。来宾纷纷表示，在中国传统佳节期间，特别是大年初二这一天，来到巴办就像回到了娘家。大家畅所欲言，有祝福的话语，也表达了新的期盼。新华社记者刘立伟摄

2016年2月9日，巴勒斯坦约旦河西岸城市拉姆安拉。中国驻巴勒斯坦办事处举办华人华侨新春招待会，中巴混血大男孩会讲中文，在给大家表演扑克牌魔术，一不小心露出破绽，引发一阵欢笑。新华社记者刘立伟摄

办事处一方面通过巴总统办公室主任协调巴内政部长进行沟通，同时约见埃及驻巴大使了解拉法口岸开放情况；另一方面与中国驻以色列使馆协商，并拜访约旦驻巴使馆，商讨我公民经另一口岸出加沙并取道以色列和约旦回国的可能性。

6月1日，在得知拉法口岸将开放4天后，办事处工作人员立即驱车赶往加沙，马不停蹄将莫蓝一家送往拉法口岸。由于前期工作到位，莫蓝一家最终顺利登上出境大巴。

协助莫蓝一家顺利回国是驻巴办事处在特殊环境下实地解决侨民困难的生动例证。陈兴忠介绍说，办事处设立了侨胞工作主体责任制，为

2016年2月9日，巴勒斯坦约旦河西岸城市拉姆安拉。中国驻巴勒斯坦办事处主任陈兴忠向华人家庭赠送新春大礼包，传达来自祖国的问候。新华社记者刘立伟摄

2015 年 7 月 14 日，巴勒斯坦加沙地带加沙市。中国驻巴勒斯坦办事处主任陈兴忠与部分馆员赴加沙看望当地华人华侨，并合影留念。新华社记者刘立伟摄

2015 年 7 月 14 日，巴勒斯坦加沙地带加沙市。中国驻巴勒斯坦办事处主任陈兴忠在加沙与华人华侨及家属亲切交谈。新华社记者刘立伟摄

侨民排忧解难已成为领保工作的重中之重。

巴勒斯坦地域特殊，当局无权签发签证，当地人的身份证件也由以色列发放。一些嫁到巴勒斯坦的女孩携以色列旅游签证入境，不久后签证便过期了。由于无法及时申请到巴勒斯坦身份证，这些侨民一旦选择回国，便无法再返回巴勒斯坦。

了解到这一情况，办事处立即制定工作计划，向外交部领事司汇报情况，与中国驻以色列使馆沟通。陈兴忠说，中方与以色列外交部之间已经建立了磋商机制，目前加快旅巴侨胞身份证办理工作已列入外交部领事司工作议程。

独在异乡为异客，每逢佳节倍思亲。在陈兴忠的带领下，办事处工作人员上门走访了几乎所有在巴侨胞。今年中秋节来临之际，工作人员更是给侨胞们送上特意从中国订购的月饼，还组织联谊活动，邀请在巴侨胞及家人前来参加。"能够真正得到侨民的认可、赢得侨民的心，就是我们工作的意义所在。"陈兴忠说。

（新华社记者高路、刘立伟）

"只要能做到的，我们都尽力而为"

——记中国驻阿拉木图总领馆领保工作

随着中国和哈萨克斯坦经贸关系越来越密切，来哈萨克斯坦学习、经商和工作的中国人正在增多。求助于中国驻阿拉木图总领馆的中国人也越来越多。劳务纠纷、护照丢失、非法滞留、寻亲寻友、请求司法援助……总领馆接到的中国人求助各种各样。

"只要能做到的，我们都尽力而为，正所谓领保工作无小事。"中国驻阿拉木图总领馆领事部主任张晓庆对记者说。

中国驻阿拉木图总领馆负责哈萨克斯坦四个州一个市的领保工作。为及时向中国人提供领事保护，总领馆领事部设立了24小时服务热线。居住在阿拉木图总领馆辖区内的中国人，不论是久居于此还是刚刚来到这里、不论住所离总领馆有多远、不论是何职业，都是阿拉木图总领馆领事保护的对象，总领馆总是心系他们。

上世纪40年代，因不堪忍受日伪残暴统治，朝鲜族青年朴天龙逃离东北来到苏联首都莫斯科，从此和家人失去联系。朴天龙和当地女子结婚后迁居到阿拉木图。妻子在2010年患病去世后，90岁高龄的朴天龙希望回中国和亲人团聚。

朴天龙的亲人随后请求总领馆协助安排朴天龙回国,但由于朴天龙留给亲人的住址写的是阿拉木图的旧街名,地图上根本查不到。当时正值天寒地冻的冬季,总领馆工作人员冒着严寒和大雪四处打探老人家住址。经过一番周折终于找到朴天龙住地。

和朴天龙的亲人多次协调后,老人家在总领馆安排下终于回到魂牵梦绕的祖国。在回国的飞机上,老人不停喃喃自语:"我做梦都想回家呀!"

总领馆领事部人员半夜被求助电话叫醒是家常便饭,但不管多晚,领事部人员都会认真听取对方诉求,如果情况紧急就会启动应急领保机制。对于中国人领事保护请求,总领馆总是给予力所能及的帮助。

2015年,阿拉木图总领馆曾成功帮一名中国籍女子调解家庭纠纷,为其赢得尊严。这名女子在阿拉木图定居多年并取得当地绿卡,因和俄罗斯族丈夫发生经济纠纷,加上身患脑瘫不能言语且生活不能自理,丈夫把她遗弃在阿拉木图总领馆门前。

见到这名女子的惨状,总领馆立即启动应急救助机制,拨打"103"急救电话,将其送往医院救治并安排专人照料。经多方打探,总领馆找到这名女子的儿子。在总领馆说服教育下,儿子同意将母亲接回家赡养。

今年7月,中国驻阿拉木图总领馆领事部主任张晓庆(左二)率工作组前往乌斯季卡缅诺戈尔斯克市探视在当地服刑的中国人,处理有关事宜。

今年 7 月，中国驻阿拉木图总领馆领事部主任张晓庆（右一）率工作组前往乌斯季卡缅诺戈尔斯克市探视在当地服刑的中国人，处理有关事宜。

　　除了正常经商、旅游、侨居的中国公民外，总领馆的领保服务也涵盖了因触犯当地法律而被监禁的少数中国人。对于这些中国人，总领馆没有歧视和抛弃他们，而是积极与当地有关部门沟通，最大限度维护他们的合法权益。

　　今年 7 月，张晓庆率工作组前往乌斯季卡缅诺戈尔斯克市探视在当地服刑的中国人，详细了解他们的生活和健康状况，耐心听取他们的诉求并带去各种慰问品。同监狱方会见时，工作组还就保障这些中国人的合法权益进行了沟通。

　　据张晓庆介绍，为保护好中国人，阿拉木图总领馆同当地医疗机构、法院、警察局等职能部门随时保持沟通和联系，积极借助当地中资企业、华侨华人、留学生等社会资源，形成领保工作合力。

　　此外，领保工作中，翻译、交通、医疗和法律服务不可或缺，总领馆正准备建立涵盖当地司机、医护人员、翻译、律师等的专业人才库，以便为中国人提供更加专业及时的领保服务。

（新华社记者周良）

72 小时的生命接力
——中国驻韩国大使馆接力救治中铁建受伤员工纪实

　　2016 年 8 月，两名中铁建员工在南太平洋岛国斐济施工时身受重伤，病情危急，需马上回国接受治疗。中国驻韩国大使馆接到转运请求后，与韩国多部门联系，72 小时成功完成接力转运，为两名伤者争取了宝贵的救治时间。

　　"叮——"一阵清脆的铃声响起，中国驻韩国领事部领事程传星的手机里传来中铁建护送人员平安抵达的消息："我们刚下飞机，伤者正准备送往医院，再次感谢你们的帮助……"72 小时！压在程传星心里的一块石头终于落了地。

　　8 月 3 日下午，中国驻韩国大使馆接到了来自我驻斐济大使馆的求助，中铁建驻斐济项目两名员工因重伤，急需经韩国仁川机场转机回国做手术，将在仁川停留近 20 个小时。"请速联系救护车进入机场停机坪，用担架将中铁建两名伤员从飞机转移到救护车，然后送至可以接收的医院。第二天，救护车需用同样的方式将伤者从医院送到飞往祖国的飞机上……重中之重，急中之急的是，赶快得到救护车的相关信息，否则航空公司不给出票，一切辛苦都将付诸东流……"此时，离斐济一方出票时间还有不到 24 小时。年轻的领事程传星接到了这样一个紧急任务。

生命接力的每一棒都在争分夺秒。联系医院、找救护车公司、咨询警察……程传星迅速行动起来。

然而，受医疗条件和个人信息保护的顾虑，大多数韩国医院不愿意提供救护车和司机信息。经过几十通电话的联系，终于有一家救护车公司答应先提供航空公司需要的救护车和司机相关信息。程传星第一时间将这些信息通过驻斐济使馆转给了航空公司。中铁建一行人员顺利拿到机票。此时离出票截止时间只剩下 4 个小时。

机票问题虽然解决了，但是两位重伤患者将在仁川停留近 20 个小时，必须就近寻找医院，还要确保患者抵达后救护车、机场、医院、航空公司等多个部门无缝对接。在中国驻韩国大使馆领事部的多方联系下，韩国外交部积极联系机场出入境负责人给予协助。

在完成了两天繁忙的准备工作后，8 月 5 日中午，程传星和使馆领事部的同事早早来到仁川机场为顺利交接同胞做准备。在救护人员悉心照料下，两位重伤患者被从飞机上转移到了救护车上，随即转移到了机场的医疗中心。

在中国驻韩大使馆领事官员的帮助下，医疗中心的主治医生和随行斐济医生见面交流了伤者情况。一切安排好之后，已是晚上 9 点多。

伤者和其他同行人员纷纷对辛劳多日的领事官员表示感谢，"为了我们中铁建一行顺利转机，你们付出太多了，太辛苦你们了。"

8 月 6 日上午，在经历 72 个小时的忙碌后，两名患者终于被安全运送上了回国的飞机。临行前，中铁建工作人员再次握住程传星和同事的手，深表感谢："真心感谢中国驻韩国大使馆的全力相助，我们转机才能如此顺利。"

　　72 个小时，5048 公里。虽然远隔太平洋，但中国驻韩国大使馆领事官员们用自己的不懈努力，为万里之外受伤的中国同胞搭起了生命之桥。

（新华社记者姚琪琳）

领保工作需要多面手

——中国驻马来西亚大使馆领事部积极开展领保工作

　　2016 年大年初三早晨 7 点多，马先生一家刚入境马来西亚，便来到中国驻马大使馆领事部向工作人员表示感谢，马先生感叹"终于到家了"。

　　马先生来自宁夏银川，乘坐飞机到达吉隆坡国际机场后发现孩子的护照不见了，一家人焦急万分，因为按照规定，乘客在没有任何身份证件的情况下有可能被原机遣返出境。

　　患有哮喘的孩子又困又饿。面对强势的机场移民局和不太愿意配合的航空公司，几番交涉未果的情况下，马先生找到了使馆领事部。领事荣强刚到马来西亚工作不久，但他知道领保工作无小事，"很多时候，领保工作人员是迈出国门的中国公民的唯一依靠"。

　　按照规定，使馆需要对此类丢失护照的人进行核实，随后才能补办相关证件，而从使馆到机场有 50 多公里，再花一个小时去机场核验显然太慢了。于是，荣强在坚持规章制度的情况下"特事特办"，使用手机通信软件进行视频连线，和宁夏公安局核实身份后紧急补办了护照。

　　"领保工作就是急国人之所急，该办的我们一定会想方设法去办。"荣强说。

　　据领事部副主任吴晟昊介绍，帮助护照丢失的公民只是领保工作的一个方面，除此之外，中国公民在国外发生财物被盗、人身被袭、劳务纠纷、亲人失联、意外事故等都与领保工作息息相关。

领保工作人员帮助中建工人解决劳务纠纷

　　荣强表示，自己平时手机24小时开机，已经习惯了半夜被叫醒。而随着应对此类棘手事件经验的增多，领事部工作人员已经逐渐成长为领保工作的多面手——和所在国政府部门交涉时他们是外交人员，处理紧急事件时是"救火队员"，面对亲人伤亡时他们负责探望和安慰，而面对粗心大意的一些国人他们还扮演"保姆"的角色。

　　在记者采访期间，恰遇一对聋哑人夫妇到领事部寻求帮助。因为不懂手语，写字交流又不够快，荣强还联系了当地相关部门寻找手语翻译。

　　吴晟昊说，近年来，赴马旅游、经商、留学的中国公民逐年增多，很多人因不了解当地习俗或法律与人产生纠纷，还有一部分人粗心大意，不注意保管好护照和相关证件。荣强也提醒说，希望国人能在出国前做好准备。他直言，如果小心一点，相当一部分的护照原本不会丢失。

　　吴晟昊说，为实现"中国人的脚步和中国的海外利益走到哪里，我

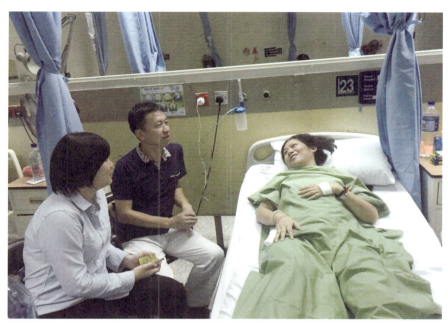

领保工作人员看望在马来西亚旅游受伤的游客

领保工作人员到驻马中资驻地宣传领保知识

们的领事保护与服务就跟到哪里"的目标，领事部还积极开拓思路，在马境内发动华侨华人团体，设立了多个领保联络点，做到"朋友多、信息灵"。

吴晟昊表示，"中国公民在海外平安是我们最大的心愿，我们真心希望自己处理的紧急事件能少一些。但和医生做手术一样，遇到了我们一定全力以赴去解决，真正践行'外交为民'"。

（新华社记者刘彤、林昊）

心牵山水迢遥客

—— 中国驻马来西亚哥打基纳巴卢总领馆领保工作纪实

　　马来西亚沙巴州，坐落于加里曼丹岛北部，面朝南海，集落日美景海滩、东南亚第一高峰、潜水胜地于一身。近年来这里吸引了越来越多的中国游客。如何保护好中国同胞安全并维护其合法利益，成为摆在2015年4月才开馆的中国驻沙巴州首府哥打基纳巴卢总领馆全体馆员面前的考验。

　　据沙巴州旅游局统计，2015年有近30万人次中国公民来到沙巴旅游、工作或生活。2016年1月至5月，这一数字超过14.3万人次，同比增长49.3%。总领馆专职负责领保工作的馆员只有1人，而一旦遇到

5月5日，孙笑武副总领事前往中国游客失联案件事发地，了解救援情况。

5月12日，陈佩洁总领事看望失联香港同胞的家人。

大案要案，总领馆则需全馆动员，总领事亲自挂帅指挥处置。

2016年5月，4名游客在沙巴附近海域失联，其中包括1名中国香港同胞。获悉此事后，总领馆立刻启动应急机制，迅速与沙巴州政府高层、旅游部门、警方等取得联系，要求其务必全力救援。马来西亚海警、海军、海事等部门平均每日派出6艘舰只、3架飞机进行全方位搜救，范围最大时曾覆盖周边3300平方海里，系沙巴史上迄今最大规模的海上搜救行动。总领馆同时动员当地华人社团等配合搜救。

搜救过程中，总领馆一直与失联香港游客家人保持热线联系，通报相关搜救情况，提供一切可行的协助。在如此广阔海域搜寻确如大海捞针，但馆员们始终不放弃任何一线希望。终于，好消息在11天后传来，失联香港同胞获救，平安归来。

从事领保工作，连续作战是常事。5月13日，就在失联中国香港同胞与家人团聚的同一天，一辆载有9名中国游客的旅游大巴发生车祸。

得知消息后，正在当地走访的总领事陈佩洁改变原有行程，马上前往医院看望受伤游客。在医院，陈佩洁慰问了受伤游客，与医院、旅行社等方面负责人进行了交流，要求他们耐心听取中国游客诉求、制定有效的治疗方案。她还与沙巴州旅游部门负责人取得联系，要求妥善处理此案，维护中国游客合法权益。

一名身上多处骨折的游客在得知中国总领事前来看望后，连忙对当时怀有 3 个月身孕、脊柱受伤的妻子说："不要怕，总领馆的人来了，不会有事的。"随后 3 天，总领馆负责人员始终与旅游部门、涉事旅行社等相关各方保持紧密联系，为受伤游客提供协助，直到他们分批顺利回国继续接受治疗。

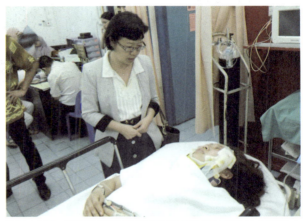

5 月 13 日，陈佩洁总领事前往吧巴医院看望在车祸中受伤的中国游客。

在沙巴，中国游客遇到问题，总领馆总能提供最有力的帮助。2015 年 11 月的一天，负责领保工作的刘伟接到国内朱先生的电话称，

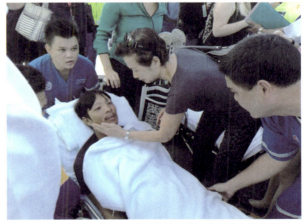

5 月 13 日，领馆工作人员陪同获救香港同胞和家人前往机场。

5 月 13 日, 孙笑武副总领事在机场接受媒体采访。

他儿子夫妻两人到沙巴自助游, 几天后失去联系, 失联前曾告知将上岛游玩。刘伟立即与当地警察局、旅游局等各部门取得联系, 得知近期并无中国游客遇险, 随后进一步了解到这两名游客前往的小岛基本无手机信号覆盖, 悬在他心头的那块石头才算轻了几分。

刘伟随后将情况告之国内焦虑的失联游客家人, 经过近半小时耐心细致的解释, 两位老人总算放了心。第二天一早, 朱先生打来电话, 哽咽着说: "儿子已经找到了, 确实是岛上信号不好, 谢谢你们这些亲人。在外遇事, 首先想到的是你们, 你们是代表祖国的。"

据驻哥打基纳巴卢总领馆方面统计, 开馆一年多以来, 领保负责人员先后接听领保电话超千个, 妥善处置领事保护和协助案件 200 余起, 涉及中国公民 272 人, 较好保障我公民安全、维护其合法利益, 践行 "外交为民"。

（新华社记者刘彤）

让每位同胞感受到温暖

——记中国驻蒙古国大使馆领保工作二三事

　　践行"外交为民"宗旨，切实维护每位在蒙中国公民的合法权益，让同胞感受到祖国的温暖，这就是对于使馆领保工作的基本要求，中国驻蒙古国大使邢海明在 2016 年 9 月份接受新华社记者采访时这样说。

　　中蒙两国的经贸联系密切，中国在蒙古国的企业众多，两国民间往来也日益增多。同时，蒙古国在投资环境、经济发展中存在的问题又使在蒙中国人的经营活动和日常生活面临着不稳定因素。

　　"40 余名中国工人正向中国使馆方向走来，" 2016 年 9 月 1 日晚，中国驻蒙使馆接到了乌兰巴托市汉乌拉区警察局打来的电话。

　　得知消息后，政务参赞李雁军一行人赶往现场。现场工人情绪比较激动，使馆工作人员一边耐心讲道理，一边向蒙警方交涉，这才勉强将工人们的情绪稳定下来。

　　经了解，这批工人遭工程承包方拖欠工资，由于他们是被非法中介带到蒙古国务工的，产生劳资纠纷后无法获得保障，工人维权无果，所以前来寻求使馆的帮助。

　　工人的工资问题刻不容缓，尽管当时正值蒙古国留学生办理赴华签证高峰期，使馆工作人员还是加班加点、多方协调，终于让工程承包方支付了工资。

　　李雁军说，中国在蒙务工人员较多，劳资纠纷成为使馆领保工作的"重灾区"，随时要准备应对"险情"。今年以来，8 个多月的时间里，使馆领事部已经处理非法务工案件 59 起，涉及中国工人近 800 人。

　　6 月 29 日，一面写着"人间至暖，使馆真情"的锦旗被送到了使馆。这面锦旗是受河北省故城县李立刚、李兰菊两位老人的委托，由旅蒙华侨协会送来的。

　　原来，两位老人的父亲是上世纪 60 年代中国援蒙工人，他们的母亲当时也一同来到了蒙古国，后来不幸在蒙病逝并埋葬在了异国他乡。兄妹俩几十年无缘赴蒙祭奠，也无法了解母亲墓地的情况。

　　今年 3 月，两位老人向驻蒙使馆提出协助移葬的请求。根据家属提供的信息，使馆与旅蒙华侨协会一起展开了墓地的寻找和鉴定工作。

　　几经周折，使馆用了两个多月的时间确定了墓地的具体位置，并办妥了跨国移葬的各种手续。

　　就在两位老人父亲祭日的前一天，母亲的遗骸被顺利移葬回河北省老家，了却了他们几十年的心愿。

　　"同胞们通过锦旗和信件传来的情谊，让使馆的工作人员非常感动，"中国驻蒙使馆公使衔参赞杨庆东说，而这也更加激励使馆一如既往，全力打造海外民生工程，努力为来蒙中国公民和旅蒙侨民提供更优质的服务。

（新华社记者郑闯）

中国驻蒙使馆：赴蒙务工有风险

2016 年是蒙古国大选之年，也是蒙古国首次举办亚欧首脑会议之年。因此蒙古国缩减了对外劳务指标，加强了对外来务工人员的排查力度。同时，不良业主恶意拖欠工资案件数量有增加的趋势。

中国驻蒙使馆提醒拟赴蒙务工中国公民：一、务必通过合法渠道赴蒙务工；二、务必持合法签证赴蒙务工；三、务必在国内签订正规书面合同；四、务必了解赴蒙工作环境及风险；五、务必依法处理纠纷。

中国驻蒙使馆还提醒已经发生工资被拖欠的中国公民，积极与包工头、用工方协商解决，防止采取过激行动，触犯当地法律，危及自身安全并遭受更大损失。出现问题时及时与使馆领事部和经商处联系，提供个人信息及中介公司、包工头、用工方负责人的姓名、国内外电话和住址，配合使馆协调解决问题。使馆将尽力提供帮助，依法维护中国公民的合法权益。

据中国驻蒙使馆统计，2015 年使馆领事部共处理非法务工案件 103 起，涉及中国工人 1612 人。据介绍，以上案件主要是由于承包商、包工头、中介等恶意扣减、挪用工人工资和蒙方业主因资金周转困难等原因拖欠中国承包商工程款，导致承包商无法及时支付中国工人工资引起的。

（新华社记者郑闯）

"公民走到哪里，
我们的领事保护就跟到哪里"
——中国驻日本大使馆领保工作二三事

中国驻日本大使馆 2016 年内部春节联欢会上表演了这样一个节目：使馆冯领事正为没能看上中央电视台春节晚会而叹惜时，一名"中国游客"提着大包小包、喊着"我要找领事，我要退货"上了场。

"深海鱼油、奇效酵素，这是我们暗访过的免税店的产品。"冯领事告诉游客。小品名叫《领事部的一天》，是驻日本大使馆领事部日常工作的一个缩影。在远离祖国的异国他乡，他们代表中国政府，守护着千千万万中国公民。

据公使郭燕介绍，在日本，领保对象人数众多，包括 80 万华侨华人、约 500 万中国游客，以及中资机构人员。"日本自然灾害频发，救助灾害中的侨民是我们领保工作的一项重要内容。"郭燕说。随着中国国家实力的增强，在日本出现的领保案件类型由以往的偷渡、凶杀类案件转为正常经济交往、旅游中的纠纷，领保工作面临许多新情况、新挑战。

2014 年 8 月，中国驻日本大使馆开通微信公共号，发布包括自然

中国驻日大使程永华在熊本地震灾区看望中国留学生。

灾害、购物陷阱等在内的多种多样的提醒。

2016 年 4 月 14 日熊本发生强烈地震，当月 23 日，驻日本大使程永华赶赴余震不断的灾区，看望当地华侨华人和留学人员。当地一位华侨经营的餐厅受损严重，已经完全不能营业。程永华不顾危险，亲自进入一片狼藉的餐厅查看灾情，向华侨及亲属询问受灾情况，并鼓励他们与当地侨胞同舟共济、共渡难关。大使的亲切关怀给予华侨莫大的安慰和鼓励，他们纷纷表示有使领馆的坚强后盾，有信心重建家园。

这个场景不禁令人联想起 2011 年的"3·11"大地震。当时地震、海啸和核辐射三灾并发，其他国家使馆纷纷停止办公并开始撤离，程大使却当机立断，成立应急指挥中心，要求中国大使馆全员坚守岗位，实行 24 小时工作制，还第一时间派出多批工作组，奔赴灾区寻找并帮助当地华侨华人，与驻新潟总领馆工作组携手合作，全程共救助灾区中国公民 7600 余人。正是全体馆员在大灾难面前迎难而上、奋力拼搏，才

中国驻日本大使馆领事部工作人员在领保工作现场。

中国驻日本大使馆领事部工作人员在领保工作现场。

使灾区的数万名中国公民、侨民和留学生们真正感觉到"祖国是坚强的后盾"。

2014 年 10 月以来，中国多艘渔船在日本被扣，驻日使馆高度重视，切实维护我船长、船员合法权益，案件的处理持续了 1 年多，其间使馆官员多次登船看望船员，出庭旁听审理，探视船长。

"领事工作是琐碎的，有的案子一天可以结束，有的则会持续十几年。"廖领事介绍说。

据使馆介绍，2015 年，使馆领事部共处理案件 2470 件，其中领事探视（警署、监狱）94 次，领事协助 1170 件，公民寻亲 87 件，接待上访 115 件，其他领事保护 85 件。除此之外，驻日使馆还在东京大学、早稻田大学等地开展"领保进校园"活动。

"公民走到哪里，我们的领事保护就会跟到哪里，这是毋庸置疑的。我们也在不断地摸索，希望让我们的公共资源能惠及到更多的人。"王总领事说，"在异国他乡遇到问题首先想到使馆是我们的光荣，使馆将会竭尽全力，进一步做好领事保护工作。"

（新华社记者刘秀玲、马峥）

在"微笑国度"守护同胞微笑

——记斯里兰卡领事保护二三事

作为一个以微笑著称的国家，斯里兰卡正在向中国人展现着她的魅力——2016 年前 8 个月，中国赴斯游客已达 20 多万人次，推动了斯旅游业的行业繁荣、市场升级。但对处在领事保护工作一线的中方人员而言，这意味着 24 小时待命和工作量剧增。

一个人在异国旅游会遇到多少问题？失窃、迷路、语言不通、签证失效、生病、事故……在"微笑国度"斯里兰卡也不例外。而这些问题最终都会汇集到中国驻斯里兰卡大使馆的 24 小时领保热线电话中。

深夜、节假日处理领保案件已是领事的家常便饭。有时领保工作第一个案件刚接手，第二个、第三个求助电话又接连响起。特别是在深夜接到领保电话并进行相应处理，整晚无法休息，第二天还要正常开始忙碌的一天工作。以上便是中国驻斯使馆唯一一位领事人员杨支萍的日常状态。

2016 年 6 月底，中国驻斯使馆收到求助，一位姓李的男子请求使馆协助寻找 5 年未见、据说已在斯出家修行的女儿，但住址、电话和护照等信息都不详。使馆多方联系斯里兰卡华侨华人联合会、领保志愿者、留学生、在斯宗教界及禅修人士等寻找线索。几经辗转波折，终于获得消息，了解到李先生的女儿已在斯一家禅修中心出家，但不愿与父亲联系，而是让使馆转告父亲，她在这一切很好。得知女儿安全的李先生激动万分，表达了对使馆的感谢。

2016年2月初的一个深夜，另一位来自北京的李先生致电领保热线说，其父因病正在科伦坡某医院治疗，请求使馆协助联系航班尽快将其父亲送回国治疗。使馆立刻指示领事部紧急联系并协调航空公司出票，安排领保志愿者赴医院探视，提供协助。最终使馆成功协调斯里兰卡航空公司为患者安排病护座位，并联系安排了2名斯里兰卡陪护医生沿途照看，终于在春节前一天顺利返回北京。

2016年5月上旬，闻女士从国内致电使馆，请求协助寻找半年前赴斯旅游失联的母亲。接悉有关情况后，使馆领事部马上发动各路进行寻找。后确认其母亲因涉嫌违法被斯警方逮捕，但不愿家人知悉案情，因此没有联系。

近年来，中斯经贸交往与合作日益密切，来斯经商、旅游的中国公民日益增多，涉我在斯公民领保案件数量也不断增长。据不完全统计，每年年均发生各类领保案件约140起，妥善处理这些案件需要使馆提供及时有效的领事保护与服务。然而，驻斯使馆领事部仅有一名兼职领保领事，除领事保护和协助工作以外，他同时还需承担护照、旅行证、公证认证、侨务等大量工作。

但就是在"以人为本、外交为民"理念指引下，在诸多在斯领保志愿者协助下，中国驻斯使馆领保工作依然跑赢了时间、做出了效率，在"微笑国度"里守护着同胞脸上的微笑。

（新华社记者杨梅菊）

见证我驻斯使馆领保创新的一封感谢信

　　"如果没有中国驻斯里兰卡大使馆以及国航金柱站长对我的救助，帮我在错过飞机的情况下及时购买机票、安顿住宿、安全回国，那么我的生命就不堪设想……"81 岁的中国老人浦女士在给中国驻斯里兰卡大使馆的感谢信里这样写道。

　　事情要从 2016 年 3 月 25 日说起，结束了在斯里兰卡为期一周的参团旅行后，浦女士跟随领队来到科伦坡班达拉奈克国际机场，等待傍晚起飞的航班返回昆明。但接下来事态的发展超出了她的预想：由于语言不通及机场工作人员操作失误，浦女士错过了此前等待的航班。

　　忧急攻心，浦女士开始感到恐慌："我血压本来就偏高，心脏也不好，需要长期服药。如果不能及时返回昆明，万一病发，很可能会魂断科伦坡，我这把老骨头就只能抛撒在异国他乡了……"

　　这个时候，浦女士首先想到的是向祖国求助。在周边同胞的帮助下，她很快联系上中国驻斯里兰卡大使馆。仅仅几分钟后，使馆就有了答复："使馆很重视，将委托使馆领事保护志愿者、中国国际航空公司斯里兰卡站工作人员全力协助。"很快，国航斯里兰卡站长金柱赶赴机场。在金站长的热心帮助下，浦女士终于重新订购机票，并于次日顺利回国。

"我非常感谢中国驻斯里兰卡大使馆以及领保志愿者金柱站长对我的鼎力救助。他们对我的救助，也体现了伟大祖国对每个中国公民的关怀和爱护，使我更加热爱我们的伟大祖国母亲，以及我为自己是一名中华人民共和国公民而感到荣幸和自豪。"浦女士激动地写道。

事实上，这位老人的感谢信仅仅是中国驻斯使馆收到的众多感谢信之一，这些信件不仅记录了中斯两国人民旅游往来、经贸合作的繁荣发展，同时也见证着驻斯使馆为包括游客在内的旅斯中国公民所做的一切。

近年来，随着中国成为斯里兰卡全球第二大客源地，越来越多的中国游客选择赴斯度假旅行。据不完全统计，在斯中国游客每年发生各类领保案件达 140 起。

驻斯使馆领事部仅有的一名兼职领保职员需要承担护照、旅行证、公证认证、侨务等大量工作。为此，驻斯使馆创新工作机制，于 2014 年底发出招募领保志愿者的倡议，得到众多在斯华侨华人的积极响应。

目前，驻斯使馆已成功构建了以使馆为中心，在斯华侨华人、中资机构和企业、侨界等密切配合的领保工作格局，建立了覆盖斯全境的领事保护志愿者和联络员机制，以更好地为旅斯中国公民提供领事保护和服务。该机制下现有个人领保志愿者 43 人，以中资机构或企业为单位布局的领保联络员 62 人。

中国驻斯里兰卡大使易先良说，领事保护、领事协助和领事服务是外交工作的重要组成部分，驻斯使馆将始终践行"以人为本、外交为民"理念，全力维护在斯中国公民、企业和机构的合法权益，为遇困中国公民提供全力协助。

（新华社记者杨梅菊）

你的平安是我最大的心愿
——记中国驻泰国使馆领事保护工作

"非常抱歉！让你久等。"中国驻泰国大使馆领事钱蓉见到记者的第一句话就是致歉。因为使馆领事保护小组临时接到中国公民紧急求助，当天的采访不得不推迟了两个小时。这充分体现出领保工作应急、突发的特性。

近年来，选择到泰国旅行的中国人越来越多。自 2012 年起，中国一跃成为泰国最大的旅游客源国。此后，来泰旅游的中国游客人数激增。据泰国旅游部门统计显示，2015 年，中国赴泰旅游人数为 800 万人次，几乎是 2010 年的 8 倍。如此庞大的游客数量也令旅游纠纷、安全事故以及出入境问题层出不穷，驻泰使馆领保工作量猛增。

以 24 小时领保热线电话为例，2015 年领保电话日均量为 50 次左右，全年接听电话可达万余次，其中近 10% 的电话需立即立案处理。

2015 年，令人震惊的"8·17"曼谷四面佛爆炸案导致 7 名中国游客遇难，26 人住院治疗。那段时间，使馆工作人员忙翻了天：从现场勘查到多渠道确认遇难者人数；从探访安抚伤者到协助遇难者家属尽快办理通关手续；从去殡仪馆处理遇难者遗体到协助家属申请保险理赔和抚恤金……大使、公参带领使馆工作人员多日连续奋战。

钱蓉说，比起身体上的疲惫，负责领事工作的外交官们心理上承受的压力更大。"遇到中国公民突发死伤案件，面对痛苦不止的家属，我们也很心酸，记不清多少次没忍住自己的眼泪，也记不清多少次把肩膀借给他们。"

虽然像曼谷爆炸案这类特殊事件实属罕见，但领保组每年需要处理的其他意外事故并不少。根据官方数据显示，仅2016年前五个月，曼谷、帕塔亚、华欣三地就发生了19起中国游客意外事故，其中9起为车祸，10起为溺水。其实，中国驻泰使馆已多次在网站、宣传手册、媒体上反复提醒、反复强调注意事项，提醒大家提高安全和自我保护意识。

钱蓉说，比起组团游客，使馆方面更担心的是自由行游客。很多人盲目相信网上攻略，安全意识淡薄，还有不少当事人在启程前没有购买

中国驻泰使馆领保组工作人员探望春武里府车祸受伤同胞。

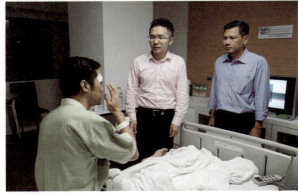

中国驻泰使馆领保组工作人员探望春武里府车祸受伤同胞。

任何保险。对此，钱蓉提示，广大中国游客来泰旅游前，一定要购买相应保险，加强抗风险能力。

除了处理意外事故外，引导中国公民文明旅游，维护中国国家形象也是领保组的重要工作。以航班延误为例，中泰之间每天有百余架次飞机往返，无形中增加了中国游客遭遇航班延误的概率。

"航班延误原因很多，有些是天气原因，有些是机械故障。旅客等待过程中出现焦躁情绪可以理解。但我们呼吁广大中国旅客，出行应以航空安全为第一出发点，耐心等待登机，及时调整行程或心态是明智选择，不要影响航班正常运营。"钱蓉说，"中国公民在海外的安全是我们最大的心愿。"

（新华社记者李欣莹）

中国游客赴泰安全问题面面观

近年来，泰国成为中国公民旅游、投资、求学的热门目的地，2015 年赴泰中国游客近 800 万人次，而随之出现的中国公民安全问题也在增多。

中国驻泰国大使馆领事保护处官员告诉新华社记者，近两年，由于当地整体政局相对平稳、商贸投资环境相对规范，领保处工作重点在于确保中国公民在旅游方面的安全。

据悉，2015 年，有近百名中国游客在旅游过程中发生死伤，安全事故主要集中在涉水安全及交通安全两方面。

2015 年下半年到 2016 年初，中国游客在涉水安全方面的问题较突出，下海游泳及浮潜导致的溺亡案件频发。大使馆领事官员为此专门实地走访芭堤雅、苏梅岛等地，与泰国地方政府、旅游部门及警方负责人现场办公，在危险海域增加中文警示及标识，同时通过大使馆网站发布旅游提醒，在机场宾馆等地发放宣传册，提醒大家注意旅游安全。

大使馆多次呼吁中国游客提高自身安全意识，不要无视海滩红旗警示盲目下海。浮潜应接受简单培训，掌握设备使用方法。年长、高血压、心脏病患者切勿浮潜，以防发生安全事故，给自己和家人带来不可挽回的损失。

4月宋干节是泰历新年，俗称泼水节，宋干节前后7天往往被泰国人称为"危险7日"，是交通事故高发期。近两三年来，泰国在"危险7日"期间每年有近3000起交通事故，造成300多人死亡、3000多人受伤。2015年宋干节期间车祸共造成405人死亡、2.7万余人受伤，主要原因是酒驾和超速行驶。

领保处特别提示中国公民：泰国右舵左行，请遵守交规，拒绝酒驾及疲劳驾驶。在没有红绿灯的路口请减速谨慎驾驶；配备泰国地图及导航系统，提前熟悉路线，不要危险超车或转弯。应购买泰国本地交通安全保险，至少是最基本的交通强制险。此险入境口岸有售，但只保受伤人员，不保车辆。建议游客适当提高所购保险级别。

另外，在芭堤雅、普吉等中国游客密集的景区，一直以来，涉人身意外、财产损失、盗抢伤人等案频发，所以中国公民赴泰游需始终有风险防范意识，尽量避免在僻静区域活动或夜间外出。个人护照、身份证等证件及财物要妥善保管，泰国绝大多数酒店和商铺都接受银联卡、威士或万事达信用卡消费，不建议随身携带大量现金。

值得注意的是，过去一年里，中国游客在泰国发生多起与动物有关的意外，如骑大象摔成重伤、和鳄鱼合影被咬伤手脚、亲吻蟒蛇被咬伤鼻子等。上述游玩项目，以及海上摩托、丛林穿越等项目，其危险系数因人而异，均须以安全为重，审慎选择。

一直以来，中国公民赴泰遭遇零团费和低价团问题较严重。2015年4月3日至8日短短6天，中国驻泰大使馆接到10起游客报告，称每人已在国内缴纳800—2000元人民币的团费，到泰国又被逼参加人均1000多元人民币的自费项目，否则不让入住酒店，行李被导游扔到酒店门外，甚至整车游客被拉到荒郊野外。

经大使馆持续做泰方工作，目前泰方高度重视并着力打击零团费和低价团问题。2016年1月，中国驻泰大使馆已与泰国有关部门共同成立解决中泰低价团问题工作委员会，今后将定期举行会议，出台预防、打击零团费和低价团的相关措施，交流违法旅行社、导游名单及信息，按相关法律规定处理。

从中国游客角度而言，勿因贪小便宜吃大亏。须知，低价团费只付给国内组团社，抵泰后的吃住玩都可能变成自费项目，而且这类旅行团不规范，有安全隐患。

不管是个体游客安全事故，还是类似2015年8月曼谷四面佛爆炸案这样的群体性突发事件，领保官员强调，游客要提高安全意识，除了不该做的不做，遇事遇人要谨慎理智，还有一个切实有效的措施是购买海外旅游保险为自己保驾护航。

（新华社记者李颖、尤东婕）

中国人走到哪里
领事保护与服务就跟到哪里
——记中国驻宋卡总领馆领事保护工作

　　近年来，赴泰国旅游、经商、留学的中国公民逐年增多，前往泰南旅游的中国公民每年已高达 200 多万人。宋卡府、普吉府等泰南十四府是中国驻宋卡总领馆领区，其中的普吉岛、苏梅岛、丽贝岛等热门岛屿吸引着众多中国游客前往。

　　由于涉水安全、交通安全等问题交织，泰南地区涉及中国公民和中资企业的领事保护案件数量不断上升，驻宋卡总领馆承担的任务日益繁重。仅 2016 年上半年，泰南十四府共发生 20 多起中国公民死亡案件，驻宋卡总领馆及驻普吉领事办公室共处理 300 多件中国公民求助案，接听的领事保护电话更是高达数千个。"接听领保求助电话是一项体力活，经常半夜被电话叫醒，其中的酸甜苦辣只有自己才能体会。"驻宋卡总领馆工作人员孔朱磊向记者表示。

　　驻宋卡总领事周海成表示，为实现"中国人的脚步和中国的海外利益走到哪里，我们的领事保护与服务就跟到哪里"的目标，驻宋卡总领

驻宋卡总领事周海成拜会泰海军第二舰队司令蓬拉差，感谢其在海上搜救中国游客时提供协助

馆在开展预防性领事保护工作以及完善重大领事保护案件应急响应机制等方面下了不少功夫。

周海成介绍说，在应急处置方面，总领馆在 2016 年上半年妥善处理了 20 多起中国公民死亡案件，协助家属处理善后及维权事宜。由于泰南地形狭长，总领馆驻地宋卡府相距苏梅岛、丽贝岛等景区路途遥远，且没有直航航班，每次都需要驱车、坐摆渡，六七个小时才能抵达事发地点。"人命关天，确保中国公民的人身

驻宋卡总领馆工作人员向宋卡市警局警员了解案情

汪副总前往酒店看望 6 月 8 日
快艇相撞案家属

安全是总领馆义不容辞的责任。每次遇到重大突发领保案件，负责领事保护工作的同志便十万火急奔赴现场，协助处理相关案件，确保中国公民合法权益。"

周海成表示，在预防性领保工作方面，总领馆坚持预防与处置并重，做好"前期预防、上游治理"。每逢重大节日或旅游高峰期，总领馆都及时发布有针对性的提醒。在泰南工作的汉语志愿者老师和中资企业员工中，总领馆建立了领保联络员机制，积极开展"进校园、入企业"等预防性领保活动。

驻普吉领事办公室的工作人员还经常走访接待中国游客较多的旅行

社，并召开座谈会，协调解决中国游客在旅游期间碰到的实际问题。"在与旅行社的沟通当中，我们了解到国内自由行游客往往没有购买境外旅游意外保险，在泰国发生意外之后，由于没有保险，给自己和家人带来了很大的麻烦。"驻普吉领事办公室工作人员梅琳琳说。因此，中国驻泰国使领馆一再发布相关提醒，希望中国游客注意购买境外旅游意外保险，为自己和家人保驾护航。

在谈到今后总领馆领保工作方向时，周海成说，总领馆将继续秉承"以人为本、外交为民"的理念，服务国家发展和安全利益，全力打造海外民生工程，为在泰南的中国公民开辟一条领事保护与服务的绿色通道。

（新华社记者李颖）

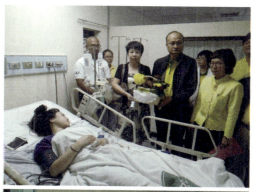

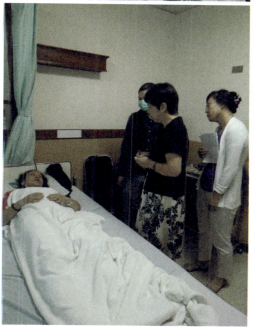

汪副总前往医院看望6月8日快艇相撞案伤者

在土耳其中国人需密切关注地区安全形势

随着"一带一路"建设的推进，以及介绍土耳其的各节目在国内播出，近几年，在土耳其工作、学习、生活和旅游的中国人数量逐渐增多。

然而，去年开始在土耳其一些地区频发恐怖袭击事件，给这个连接欧亚大陆和东西方文明节点地区的整体安全形势蒙上了阴影。中国驻土大使馆提醒国人，不要前往土耳其东部和东南部旅行，注意自身安全，不要参加当地民众的大型集会等活动。

据中国驻土耳其大使馆领事处介绍，目前在土常住的中国人主要有中资企业员工、留学生、个人经商者以及在土务工人员等，总人数6.3万余人。在土最大城市伊斯坦布尔、首都安卡拉、第三大城市伊兹密尔、旅游之都安塔利亚、中南部重要城市开塞利等都有中国人常住。

这几年，在土耳其棉花堡、卡帕多基亚等地，记者经常见到中国游客，中餐厅也在各地多了起来。不过，中国游客面临的高危旅游项目和自驾游带来的人身安全风险，以及失窃、被抢、被骗等财产安全风险也在增加。

2015 年，土耳其共发生 3 起热气球安全事故，都有中国游客不幸中招；也有部分中国游客在自驾游时发生事故、在旅游景点钱包失窃、支付出租车费时遭遇诈骗或游览时护照被抢……

李女士在土耳其棉花堡游览时，随身携带的小包被盗，护照和现金丢失，不得不连夜赶到安卡拉的中国驻土大使馆补办临时护照。她感叹道："没想到一回头的工夫，包就被拉开了，大家在外游玩还要更加小心才是。"

针对当地的安全形势，中国驻土耳其大使馆已多次发布旅游安全提示，提醒中国游客注意人身和财产安全。

土耳其作为旅游目的地刚刚被中国游客重视起来，当地的安全形势却很不给力。近年来，土耳其东南部邻国叙利亚和伊拉克的安全形势进一步恶化、恐怖主义势力向土耳其渗透、土东南部武装冲突频发……这些因素都使得当地的安全形势更加令人担忧。

去年 10 月份到今年初，土耳其已发生 4 次自杀式炸弹袭击事件，共造成约 200 人死亡。而迪亚巴克尔和舍尔纳克等地的武装冲突还在持续，这也给部分中资企业的中方员工人身安全带来隐患。

极端组织"伊斯兰国"今年初在伊斯坦布尔旅游区制造了针对游客的自杀式爆炸袭击，导致 10 余名德国游客死亡，而库尔德极端组织"库尔德自由之鹰"在制造安卡拉 29 人死亡的汽车炸弹袭击时宣称，还要制造针对土耳其旅游业的袭击。

中国驻土耳其大使馆领事处表示，大使馆在确保领保电话 24 小时畅通的同时，在土耳其主要城市均设立安全联络员，为需要帮助的中国人和华人及时提供帮助，一旦发生涉华安全事件，大使馆会迅速派人赶往事发地点，提供领保等协助。

分析人士认为，中土在经贸、旅游、文化等领域交往仍将继续加强，但因叙利亚问题迟迟得不到解决、恐怖分子继续抵抗、土耳其国内外反恐作战力度加剧等因素，土国内外安全局势恐将继续恶化。

（新华社记者邹乐、郑金发）

土耳其政变风波 在土华侨华人可安好

    2016 年 7 月 15 日晚间开始，土耳其经历了历史上又一次军事政变。政府军和叛军在首都安卡拉和最大城市伊斯坦布尔展开激烈交火，土耳其安全形势急剧恶化，万幸的是没有我华侨华人在武装冲突中受到波及。而驻土使领馆积极履行职责，热情提供服务，帮助赴土耳其中国游客度过战火纷飞的难眠之夜。

    乘坐 16 日凌晨从北京起飞的土耳其航空 TK21 次航班前往伊斯坦布尔的北京游客廉女士在飞机落地打开手机之后才意识到自己遭遇了什么，也明白了原定飞往伊斯坦布尔的航班为什么在土耳其西南部爱琴海城市伊兹密尔降落。

    我伊兹密尔总领事刘增先告诉记者，有 TK21、TK27、TK73 这三架从中国飞往土耳其，原定降落伊斯坦布尔的航班，于 16 日凌晨紧急转降到伊兹密尔机场。领馆迅速启动应急预案，跟踪航班上的旅客，如今这些乘客已被土耳其航空安置在伊兹密尔及周边的酒店之中。

    伊兹密尔总领馆马瑞告诉记者，安置中国游客的酒店大部分都是当地条件比较好的 5 星级酒店，并在协商后同意为游客提供免费膳食和饮水。除了 3 个从国内飞来的航班，还有多个架次转降在土耳其西南部爱琴海地区的航班上有中国游客。

伊兹密尔领馆了解到，受军事政变影响而转降的中国游客约有 500 多人，他们大多被安置在当地酒店，其中一些游客将于 16 日晚乘机前往伊斯坦布尔，继续自己的旅行。

从 2015 年下半年开始，土耳其国内恐怖主义威胁加剧，土国内安全形势恶化。赴土耳其的中国游客锐减，这也导致不少在土面向中国游客的旅游公司生存压力增加。

土耳其 168 旅游公司客户经理何小利告诉记者，在 6 月 28 日伊斯坦布尔爆炸之后，面对土耳其严峻的安全形势，公司开始取消从中国来土耳其游客的接待业务，7 月份原定有 6 个团要来，但已被公司于 6 月底全部取消。

"接待游客必须要能保证他们的安全，军事政变令土耳其安全形势复杂严峻，我们也难以保证游客安全，因此都建议游客不要前来，对于一些仍然坚持前来自由行的客人，公司也会提供完善的服务，如今公司的游客数量越来越少，不少同行也都放弃回国了，我估计自己也要坚持不下去了。"何小利告诉记者。

和廉女士一样转降伊兹密尔的中国游客大多不懂当地语言，使领馆的领保电话成了大家的依靠。

从 7 月 15 日 23 时许开始到 16 日 16 时，伊兹密尔领馆领事季伟一直在接听领保电话，接通 200 多次，向游客传递温暖安慰，为游客解决力所能及的问题，并积极联系土耳其航空，尽量确定游客的下一次起飞时间。

"通过建立领区华人华侨微信群，我们领保工作的效率大大增加。尽管接领保电话接到手软，但为海外华人排忧解难就是我们的本职工作，而安卡拉使馆和伊斯坦布尔总领馆这方面的压力要大得多。"

我驻土耳其大使馆领事金奇告诉记者，从7月15日10点到16日中午电话一直响不停，连续接听电话估计500余个，其中有哭诉、有担忧，有抱怨，还有找人、找宾馆、找躲藏地等各种咨询。

"虽然接得头晕脑涨，口干舌燥，但还要耐心安抚华人、华侨和游客，叫他们不要慌乱，沉着冷静，寻找安全地点躲避，不要乱跑，远离人群，等事态平息下来再作下一步打算。自己全身心的投入和付出，有时得到的各种不理解，各种抱怨，各种

7月16日，土耳其发生政变后，首都安卡拉街头。 新华社记者邹乐摄

责骂、指责真是让人崩溃。但一句暖心的感谢又让自己充满能量。"金奇说。

中国驻土耳其大使馆代办张涛告诉记者，截至 16 日晚 22 时，使领馆没有接到在土华人、华侨和中国游客在此次土耳其政变事件中伤亡的报告，土使领馆共接听相关领保电话超 1300 个。

据伊斯坦布尔总领馆介绍，总领馆克服困难，冒着危险，进入处于封锁状态的伊斯坦布尔机场，为被困中国公民及时送去温暖和慰问品。

据中国驻土耳其大使馆新闻处介绍，政变事件发生后，中国驻土耳其使领馆坚决贯彻党中央、国务院和外交部党委指示精神，坚守岗位，第一时间启动领保应急预案机制，梳理排查中国公民伤亡及滞留情况，通过 24 小时领保电话耐心为在土中国公民及华人华侨和留学生做好解答和安抚工作，并采取多种方式发布预警，提醒在土中资企业、媒体、留学生及华人华侨注意安全。同时与土方政府部门保持沟通，请其确保中国公民安全。

鉴于近期土耳其局势发生剧烈动荡，中国驻土耳其使馆提醒中国公民近期暂勿前往土耳其，在土中国公民和机构保持高度警惕，加强安全防范和应急准备，尽量减少外出，避免前往人群密集场所。如遇紧急状况，请及时报警并与中国驻土使领馆联系。中国驻土使领馆将继续全力做好有关领事协助和领事保护工作。

鉴于上述地区特殊情况，如中国公民在本提醒发布后仍坚持前往，有可能面临极高安全风险，并影响获得协助的时效。

（新华社记者邹乐、施春）

"祖国是我们所有滞留人员的希望"

——土耳其未遂政变受困国人心声

　　2016 年 7 月 22 日，土耳其未遂军事政变已过去一周。一条中国留学生的微博在伊斯坦布尔已被转发 3 万余次、收获 3 万多网友点赞——

　　"弱国无外交，危机中我们中国的领事是所有国家里第二个赶到机场的，我们在危难里坚定相信的祖国正是我们所有被滞人员的希望啊……正是因为我们身为中国人，因为中国强，我们可以自豪地说，我有家，想回家。"

　　这段引数万网友动容的文字来自微博网友"loveyierlove"。她本在英国留学，15 日深夜至 16 日凌晨土耳其政变发生时，她正准备从伊斯坦布尔转机回国。

　　首批赶到伊斯坦布尔阿塔图尔克机场的中国领事来自伊斯坦布尔总领馆。在总领事顾景奇安排下，领馆工作人员及当地侨团和旅行社派出人员携带矿泉水、饼干等物品奔赴机场，慰问滞留机场的中国公民。整整一天，他们向中国旅客介绍情况、安抚情绪，并与机场和航空公司交涉，尽最大努力为滞留的中方人员安排乘机。17 日，伊斯坦布尔总领馆还安排了第二批领事工作组人员到机场帮助中转的中国旅客。

来自北京的游客廉女士 16 日凌晨从北京出发，原计划飞抵伊斯坦布尔。然而，当飞机落地、打开手机和亲人联系后，廉女士才意识到自已和同机的 300 多名乘客一起遭遇了什么。此时，他们的航班已转降至土耳其西南部的伊兹密尔市。

为给转降的中国旅客提供及时有效帮助，伊兹密尔总领馆工作人员持续通过领保电话安慰旅客，同时立即赶赴中国旅客落脚酒店提供帮助，并积极联系土耳其航空公司帮助疏散中国旅客。17 日，大部分

7 月 16 日，土耳其发生政变后，首都安卡拉街头。 新华社记者邹乐摄

中国旅客已进入滞留旅客疏散程序，继续自己的旅行。

安卡拉作为土耳其首都，自然成为政变军人的首要攻取目标。中国驻土耳其大使馆在郁红阳大使统一部署下迅速启动应急机制，部署各部门分工，开展应急处置。使馆各部门负责人均返馆，头戴钢盔、身穿防弹衣，在刺耳的战机轰鸣声和阵阵炮火声中坚守岗位。

警务处、武官处与当地警察和军队等部门保持密切沟通，第一时间了解事件进展，并请土方务必全力确保在土中国公民，特别是滞留机场的中方人员安全。经商、文化、领事等部门分头提醒中资企业、留学生及华侨华人注意安全，并协调我在土团组做好撤离安排……使馆工作人员们知道，早一分钟发出安全预警，就可能让已被波及的同胞少一分危险、让暂未受波及的同胞多一分安全。

危机发生时，在土华侨华人也团结在一起，守望相助。

"困在机场的朋友，没有吃的、喝的，请及时与我联系。"就职于土耳其欧亚国际旅行社的新疆姑娘毛丽丹在土耳其华人朋友群中发出这样一条消息，给不少滞留伊斯坦布尔机场的同胞带来温暖。毛丽丹精通土耳其语，这并不是她第一次作为志愿者义务为在土耳其受困华侨华人和过往中国旅客提供帮助。上月末，伊斯坦布尔机场发生爆炸，毛丽丹就曾及时配合总领馆为受困同胞提供力所能及的帮助。

在我驻土耳其使领馆工作人员不间断认真工作下，没有中国公民在此次未遂政变中伤亡，滞留土耳其的中国旅客都平安回国或开始下一段旅程，这或许就是对驻土使领馆工作人员和志愿者们最好的回报。

（新华社记者邹乐、易爱军）

在"小红点"上跳一曲足尖舞
——记中国驻新加坡大使馆领保工作

"如果遇到入境受阻的情况，要尽可能保持冷静，如实向新加坡移民与关卡局说明入境事由、了解受阻原因，同时可以要求与使馆取得联系。"在2016年上半年举办的一场"领保进校园"活动中，中国驻新加坡大使馆领事朱红梅向62名中国学生介绍领事保护知识。

在这场由中国驻新加坡大使馆与新加坡南洋理工大学联合举办的活动中，朱红梅结合实际案例，向同学们介绍了中国公民在新加坡遇问题时该如何获得领事保护，并针对违规物品入境、人身安全、身心健康、违法违纪等不同类型的问题进行了详解分析。

开展"领保进校园"等宣介活动，只是大使馆领事保护工作的内容之一。中国驻新加坡大使馆领侨组组长姜维巍说："新加坡只是东南亚国家中的一个'小红点'，但这个城市国家也是中国公民移民、经商、留学的主要目的国之一，是中国第二大海外劳务市场和第四大境外旅游目的地。入境受阻、劳务纠纷、中国公民遭遇意外、受骗等事件时有发生，在这里从事领保工作，意味着沉甸甸的责任。"

2016 年 6 月 10 日，中国驻新加坡大使馆在南洋理工大学开展"领保进校园"活动，领事部和教育部工作人员与来新短期培训的中国中医药大学师生和南洋理工大学教授合影留念。邵亦鹏摄

2016 年 6 月 10 日，中国驻新加坡大使馆在南洋理工大学开展"领保进校园"活动。新华社记者杨赛摄

2016 年 6 月 10 日，中国驻新加坡大使馆在南洋理工大学开展"领保进校园"活动。新华社记者杨赛摄

中国驻新加坡大使馆高度重视领事保护工作。陈晓东大使多次表示，要尽一切努力维护中国公民在新加坡的合法权益。长久以来，驻新使馆不断探索提供领事保护服务的有效途径，积极开展"领保进工地""使馆开放日""领保进校园"等活动。

除做好预防性领事保护工作外，中国驻新加坡大使馆还与新加坡移民与关卡局、新加坡各警署等相关部门保持着紧密联系，聘请本地律师担任使馆法律顾问，努力编织在新中国公民和企业的"安全网"。

"安全网"的建立，与负责领保工作外交官的辛勤值守和默默奉献密不可分。深夜本是熟睡时间，但对领保工作人员来说，却随时可能成为工作时间，因为许多意外的发生往往都在深夜。姜维巍回忆起 2016 年 3 月深夜值班时处理的一起中国公民意外身亡事件。电话是在新加坡一家建筑公司工作的中国公民的儿子打来的，他的父亲工作时遭遇意外，不幸身亡。

工伤死亡事件经新加坡人力部认定后，相关建筑公司应负责善后事宜。姜维巍积极同有关部门协调并与建筑公司老板取得联系，说服该老板为死者家属作担保，向新加坡移民与关卡局申请电子签证，使死者家属能够以最快速度入境新加坡。家属抵达后，使馆积极帮助家属处理善后，逝者得以顺利魂归故里。

有多少这样的不眠夜，朱红梅已记不清了。她说，领事保护工作虽然辛苦，但工作的辛苦抵不过切身感受中国公民与亲人的"生离死别"、同胞因为一时过错而失去自由的苦楚。两年来，她参与处理的中国公民在新加坡死亡案件逾110宗，到监狱领事探视40余人次，回复监狱羁押人员来信50余封，并多次协助监狱服刑人员争取医疗服务、提供法律咨询信息等。

朱红梅说，在新加坡从事领保工作的经历就像一名舞者在学习一曲技巧丰富的足尖舞蹈，舞姿是否优美、舞蹈是否引人入胜，与舞者扎实的功底和舞台背后付出的汗水密不可分，"台上一分钟，台下十年功"。

（新华社记者包雪琳、吴婷婷）

中国使馆与华人在新德里爱心接力寻人

2016 年 4 月下旬，中国驻印度大使馆与当地华人联合行动，成功找到了在印度首都新德里地铁内走失的一名中国公民。

4 月 20 日下午，年近六旬、因私短期来印的万先生、刘女士夫妇在拥挤的新德里地铁站乘地铁，刘女士被人群簇拥着匆匆登上地铁，而万先生却留在了站台上。

万先生不会英文，且身上没有手机，更不记得住所的地址和电话号码。地铁上的刘女士焦急万分，手机尚未开通国际漫游，在新德里无法使用。

当天晚上，中国驻印度大使馆接到求助的电话后，使馆领保工作人员第一时间向刘女士了解当时的详细情况，安抚当事人情绪。使馆工作人员迅速联系当地警察局，请求警方通知当晚所有新德里值勤警察，如遇到走失的万先生，第一时间与其家人或中国使馆取得联系。

当晚，在印度华人圈里，许多热心人纷纷通过手机发出紧急寻人启事。与夫妇二人结识不久的大连机床驻新德里工作人员陪着刘女士在地铁沿线车站不停地寻找万先生。

经过中国驻印度大使馆多方协调，当地警方 4 月 21 日凌晨终于找到走失的万先生。2 时左右，万先生与刘女士相聚在一起。自此，这起牵动了新德里几千名华人心弦的事件画上了一个圆满的句号。

中国驻印度大使馆提醒来印经商、旅游的中国朋友，出门时应携带在印住所的地址和联系电话，记下印度匪警电话（100）、中国驻印度使馆 24 小时领保值班电话（+91-9810597886）以及外交部全球领保与服务应急呼叫中心电话（+86-10-12308 或 +86-10-59913991）。

（新华社记者白纯、吴强）

驻印尼大使馆
赴企业开展预防性领事保护宣传工作

今年 6 月初，中国驻印度尼西亚大使馆领事参赞刘玉飞率领保工作组深入基层，赴万丹省走访中资企业，慰问中国员工，并开展领事保护宣传。

在领保宣传活动中，工作组受谢锋大使委托，先后走访了中冶京诚与印尼喀拉喀托钢铁公司合作的高炉炼铁综合项目以及神华国华爪哇7号 2×1050MW 燃煤发电厂项目。工作组在同企业的座谈中指出，当前中资企业积极响应"一带一路"倡议，敢于"走出去"，既有加快发展的机遇，也有安全风险的挑战。

刘玉飞参赞（左）向中冶京诚企业赠送《印尼领保一本通》

为使上述两家企

刘玉飞参赞（左2）现场解答神华国华企业　刘玉飞参赞与中冶京诚企业员工座谈。
员工的问题。

业合作项目顺利开展，使中资企业员工工作、生活更加踏实，工作组结合近年来在印尼发生的涉中国公民典型领保案例，剖析认识误区，详解应急措施，介绍预防知识，提醒在印尼中国公民和中资企业提高安全防范意识，加强自我保护能力，遵守当地法律，尊重驻在国风俗习惯，重视企业文化和社会责任，并建议大家及时浏览中国领事服务网和使馆网站以及"平安印尼行"微信公共账号，了解最新动态，掌握预防性领保知识。

"驻印尼大使馆将继续加强预防性领事保护工作，将领事保护宣传常态化、机制化，全力为在印尼中国公民和中资企业撑起一把越来越牢固的保护伞、安全伞，"驻印尼使馆领事参赞刘玉飞说。

工作组还现场回答了中国员工的提问，并发放了由驻印尼使馆编写的《印尼领保一本通》等宣传手册。中冶京诚、神华国华两家企业负责人和员工纷纷表示，将更加重视安全防护，把预防性领事保护时刻挂在心上，一定圆满完成好中印尼两国间的合作项目。

（新华社记者郑世波）

"只要能做到的，我们都会竭尽全力"

——记中国驻约旦使馆领事保护工作

"只要能做到的，我们都会竭尽全力。"这是中国驻约旦使馆领事部主任李鑫晔在工作中最常说的一句话，而每当遇到向使馆求助的中国人，使馆的工作人员也的确是这样做的。

近年来，随着中国与约旦的经贸关系越来越密切，来约旦学习、经商、工作和旅游的中国人日益增多，中国驻约旦使馆领保工作也越来越繁重，其中就有不少中国同胞请求司法援助、协助处理意外事件的案例。

2016 年 6 月 10 日，一名湖南籍中国公民因涉嫌在伊斯坦布尔飞往安曼的航班上盗窃他人财物被约旦机场警方扣留。当晚 11 点多，约警方拨通了使馆领保电话，要求中国使馆尽快派人前往机场协助调查。

接案后，领事部李鑫晔和张嘉容立即赶赴安曼机场，了解核实相关情况，并敦促约警方依法办案、公正执法，确保我涉案公民被扣押期间安全和人道主义待遇，维护其正当合法权益。

使馆工作人员还为涉案人推荐了一名具有丰富领事协助经验的华侨翻译，为其配合警方取证调查、出席法院庭审等提供有力协助。最终，法院以证据不足当庭宣布涉案中国公民无罪释放，警方也为其改签了回国机票。

在海外，使馆就是中国公民的亲人和依靠。

同年 3 月份，一名中国游客在死海旅行期间不慎跌倒引发颅内出血死亡，李鑫晔也是立刻赶赴现场处理相关事宜。

死者配偶因为失去亲人以及语言不通导致情绪失控，李鑫晔一边安抚家属情绪，一边协调警方、酒店、医院和旅行社，迅速安排善后。

今年 3 月份，一名中国游客在死海旅行期间不慎跌倒引发颅内出血死亡，约旦使馆领事部主任李鑫晔立刻赶赴现场，一边安抚家属情绪，一边协调警方、酒店、医院和旅行社，迅速安排善后。

在海外，使馆也是中国人温暖的家，是遇到难题时令他们安心的坚强后盾。

2011 年一个冬日的清晨，使馆领保的电话铃声骤然响起，电话那头传来一个男子焦急的声音："我的朋友来约旦旅游，在亚喀巴出了车祸，现正在医院抢救，可亚喀巴医疗条件有限，没有一家医院愿给他做手术，医生建议转到首都安曼的大医院抢救，否则有生命危险。请使馆救救我朋友吧！"

情况危急，时间就是生命。亚喀巴距首都安曼开车要 5 个多小时，且路途颠簸，沿途荒芜。如长途行车运送伤员，极易造成伤势恶化，错过最佳抢救时机。

此时，使馆果断作出决策——向约旦军方求助，请其派遣医疗直升机协助我转运、救助伤员。最终，在使馆和约旦军方的共同努力下，这

2016年8月3日，中国驻约旦领事张嘉容正在忙碌工作。新华社记者程春香摄

位名为厉辛的受伤同胞得到了及时的救治。

2012年1月5日，身体日渐好转的厉辛出院了。在休养的酒店，厉辛握着前来探视的使馆工作人员的手，真诚地说："是祖国和使馆拯救了我的生命，让我的家人免遭失去亲人的痛苦。时间也许会冲淡记忆，但在我心中，永远不会忘记在这个寒冷的冬天，中国驻约旦使馆带给我的温暖。"

对于使馆来说，人民的利益高于一切，每一位得到使馆救助的同胞朴实的话语和感谢，都激励着工作人员为维护祖国和人民的安全和利益而奋斗、坚守。

现在，为了进一步完善和提高领保工作，使馆每年都会邀请约旦公安总局和华侨华人、中资企业、教师、留学生代表座谈，就如何加强信息共享和案件处置协调等进行深入探讨。此外，使馆领事部还开通了24小时无间断领保热线，为同胞的安全保驾护航。

（新华社记者蒋少清）

中国驻越外交官提醒国人尊重当地法律和风俗

中国驻越南大使馆有关官员在接受新华社专访时表示，近几年，在越中国人和华人总体安全形势良好，需要注意的主要是社会治安事件和交通事故等意外，同时也要尊重当地的法律法规和风俗习惯。

中国驻越南大使馆警务联络官吴官金告诉记者，中国人和华人在越南遇到的主要安全问题包括以下几类：一是因参加赌博借高利贷被非法拘禁；二是被抢被盗等治安事件；三是交通意外，如中国人租用当地车辆，但不戴头盔或酒驾导致的交通事故等。

大使馆负责警务联络的参赞赵万鹏建议说，中国人和华人到越南学习、工作和旅游，应注意几大事项：一是要遵守当地的法律法规，比如不闯红灯、不酒驾等；二是要尊重当地风俗习惯，比如越南人对领袖、祖先非常尊敬，国人需要注意；三是要保持低调，不要炫富，不要到偏僻黑暗的地方去，勿贪小利；四是尽量找越南语翻译，因为越南人并不像许多中国人认为的那样都会讲中文，如果沟通不善，很容易产生矛盾。

据介绍，近几年发生的中国人或华人死亡的案件很少，主要有 3 件。一件是 2011 年底，因为越南新娘逃跑引发纠纷，一名中国人被杀，凶手于今年春节期间被柬埔寨警方抓获；第二件是 2014 年 5 月，在越南同奈、平阳与河静等地的破坏分子煽动民众破坏外企资产并造成骚乱，导致 1 名中国人死亡、数百人受伤，多家店铺被打砸抢；第三件是 2015 年 11 月，一名中国男子因为经济纠纷被仇家枪杀。

赵万鹏说，2014 年情况特殊，当时由于越南对外国人和外资企业认识不够，控制不力，导致事态恶化。如今越南政府十分看重外企和外国员工在越南的安全，相关控制比较严格，对使领馆等外国机构的安保措施也更科学。与此同时，中国企业也采取措施，与安保机构和人员保持良好关系，并做到与邻为善，尊重当地风俗。

"因此，只要没有大的事件发生，这种良好的安全局面就会持续下去，"赵万鹏说。

吴官金提醒说，有极少数中国人因为法律意识淡漠，在越南进行违法犯罪活动，包括电信诈骗、信用卡诈骗、贩毒、拐卖人口等。这类案件数量很少，但性质恶劣，不仅给自己和他人带来危害，还严重损害中国人的整体形象。

赵万鹏说，目前中国大使馆警务处与越南警方合作，联手打击犯罪，对伤害中国同胞的犯罪分子和在当地触犯法律的中国人也不姑息。

据了解，目前中国驻越大使馆正考虑设置平台，让在越中国人和华人能每天了解该国各地发生的安全事件，如有重要安全隐患也可及时通报。

（新华社记者乐艳娜、章建华）

欧洲板块

OUZHOU BANKUAI

比利时恐袭事件后
中国大使馆关心侨胞安危

2016 年 3 月 22 日上午，比利时首都布鲁塞尔市郊的扎芬特姆机场和市内欧盟总部附近地铁站接连发生爆炸袭击，造成至少 34 人死亡、187 人受伤。中国驻比利时大使馆获悉事件发生后立即启动应急机制，通过各种渠道全面了解华侨华人安全情况，为滞留机场的中国旅客提供保障。

事发后，中国驻比大使馆第一时间通过使馆网站和微信公众号发布安全提醒，保持 24 小时领保热线畅通并开设媒体问询专线，同时与比利时危机中心、布鲁塞尔机场、外交部等有关部门及主要航空公司紧急沟通，核实了解有无中国公民伤亡信息。

使馆派员分赴布鲁塞尔国际机场和多所收治伤员的医院了解情况，查看是否有华人的名字、亚洲面孔的伤者，并多渠道向旅比中国公民、中资机构和留学生通报信息及核实情况。

事发当晚，中国驻比利时大使曲星即向新华社记者证实，目前尚无中国公民伤亡报告。

扎芬特姆机场出发大厅的天花板在爆炸中被震塌，机场随即暂时关闭，数千名旅客一度出行受阻。据中国驻比利时大使馆临时代办张立军介绍，机场有 50 多名滞留中国旅客，使馆已应个人要求安排其中 7 人入住市内酒店，同时启动领保联络员制度，派多名馆员进入机场控制大厅，跟滞留的中国旅客建立联系。

许多滞留的中国旅客情绪低落，使馆给他们送来热腾腾的盒饭，并尽力解决他们的实际困难，中国旅客对来自祖国亲人的关怀和帮助很是感动。一名中国旅客情不自禁地表示，"做中国人，很骄傲！"

曲星表示，目前一部分中国旅客由使馆安置，其余的由机场、航空公司或旅行团安置，使馆将根据个人实际情况和航班恢复情况采取进一步措施，保障中国公民基本需求和人身安全。

曲星说，袭击事件发生后，使馆第一时间召开紧急会议，布置馆内各个处室按分工从不同渠道了解华人安全信息。政治新闻处与比利时外交部、首相府联系，获取官方掌握的人员伤亡和恐怖袭击情况；武官处与警方、军方取得联系；领事部立刻跟各个侨团沟通了解情况；教育处通过学联了解全体教育人员、留学生情况；经商处则与中资企业保持沟通，随时了解情况。

据了解，袭击事件发生当天，曲星因工作安排人在北京，但他十分挂念在比侨胞的安危，与比利时侨领保持密切沟通。他还与在机场滞留的一名中国公民通电话，向她介绍了目前形势，转达了使馆对滞留中国旅客的慰问和关心。

中国驻比利时大使馆当天还发布公告，提醒在比中国公民注意安全，减少外出，避免前往机场及市区人员密集场所，严格遵循有关部门安全警示，同时还提醒拟赴比中国公民谨慎前往比利时。如遇紧急情况，可以及时报警并联系中国使馆寻求协助。

比利时内政部当天上午宣布，将全国安全警戒水平提升至最高级，意味着恐怖威胁"严重而紧迫"。

（新华社记者吴昌荣、孙奕）

永远在路上
——记中国驻德国使馆领事保护工作

"各位乘客请注意，下面是安全提示，请看管好您的行李……请您注意小偷，加强防范。"近来，经过德国柏林泰格尔机场的旅客发现，机场候机楼广播中新增了汉语安全提示。在德国近年治安状况恶化的大背景下，中国驻德国使馆领事部向柏林机场提出了增添汉语安全提示的要求。

据使馆统计，仅 2016 年上半年，驻德使馆领事部负责的德国东部领区已处理重大案件 9 起、求助案件 300 多起。

"德国并不是安全岛，中国公民赴德之前一定要阅读中国驻德使馆的提示。来之前要对德国有充分了解，以免落差太大，"驻德使馆领事部主任周安平说。

他介绍，依法维护中国公民的合法权益是中国使馆领保工作的主要目的。为此，驻德使馆领事部拥有了多重身份：既是维权的"警察局"、办理婚姻事务的"民政局"，也是可以公证认证的"公证处"、开展侨务工作的"侨办"……

中国驻慕尼黑领事官员在警察局与伤者家属面谈。新华社记者朱晟摄

多重身份加上 24 小时保持电话畅通的工作要求，对领事部工作人员而言，白天坚守岗位、半夜电话不断成为常态。

何卫东在使馆主要负责领事保护工作。他的眼睛里常常泛着血丝。谈及"常态"，他诙谐地概括为"5 加 2，白加黑"。"领事保护工作没有规律，永远在路上。"

近年来，中德经贸往来密切，人文交流频繁。目前，全德领保范围约 115 万人，包括临时来德人员、华侨华人、留学生、中资企业员工等。随着留德学生人数不断增长，针对留学生群体的领保工作成为其中重要部分。

目前，留德中国学生逾 3.8 万人，90% 是自费留学。学习压力、感情问题导致留学生出现心理及其他问题的案件往往是后果最严重、发案率最高的。

对此，驻德使馆领事部为留学生举办了专题领保讲座，并通过当地学生会、校友会和社团微信群向中国留学生发出领事部的声音。

2016 年 5 月，一名中国女留学生在德国中东部城市德绍—罗斯劳遇害。这起事件牵动着海内外华侨华人的心。中国驻德国使馆领事部持续密切跟踪事件，多次与德方交涉并及时向公众发布声明。

案件中，德国当地检察官向媒体介绍案情时，基于犯罪嫌疑人的一面之词，披露未经核实、有辱受害人声誉的细节。中国驻德国使馆随即发表声明，对德国检察官不负责任的言论表示强烈不满，要求德方公正调查、审理此案，还遇害者以公道，给公众舆论以交代。周安平专程前往当地，向州政府提出严正交涉，要求德方有关部门采取有效措施，切实保护旅德中国公民和留学生的生命财产不受侵犯。

何卫东回忆，处理该案件最紧张的阶段，他每天只睡两三个小时。"由于时差关系，凌晨 3 时以后，（受害人在中国的）家属就会不断打电话寻问进展，他们的心情我们完全可以理解。"

同胞遇难，让领保工作人员惊心、揪心。"处理领保案子时，出于对同胞的'同理心'，我们难免会投入很多感情。但还要超脱、要比家属更理性，必须想到同胞前面云，才能给他们更多帮助，"周安平说，"使领馆是侨胞和留学生的家。"

（记者：冯玉婧）

亲历中国驻慕尼黑总领馆
领保官员的一天

"昨晚火车上有人被砍伤的消息知道了吧？伤者里面有中国人！"7月19日凌晨，中国驻慕尼黑总领馆领保官员李晶给记者打来电话，"我们这边要过去，收拾一下马上就出发。一起去现场吧。"

李晶，80后领保官员，2013年开始在外交部领保中心工作，曾常驻中国驻汉堡总领馆，现为驻慕尼黑总领馆领事部负责人。他常说："领事官员就是人民的勤务员，领事工作是外交工作中最接地气的；中国公民的脚步到哪儿，我们的保护与服务就要跟到哪儿。"

2016年7月18日深夜，一名17岁阿富汗籍男性难民在一辆城际列车上行凶，用斧子和刀具袭击乘客，造成5人受伤，其中4人来自中国香港，两名男性伤势较重。袭击者在逃跑中被警方击毙。19日一早，中国驻慕尼黑副总领事蔡浩和李晶就连忙赶往距离慕尼黑约300公里的事发地巴伐利亚州维尔茨堡，记者也随行前往。

一路上，试图了解各方面情况和请求帮助的电话几乎打爆了蔡浩和李晶的手机，他们只能趁着手机铃声没有响起的间隙，分头抓紧与警方、医院方面取得联系。同时，应香港驻德国经贸办事处请求，领保官员还帮助联络接送伤者家属的车辆，并协调是否可把在不同医院的受伤香港公民集中到一家医院治疗。

当天大约中午 12 时，在当地警方代表的带领下，他们前往一家收治伤者的医院与主治医生交流伤者病况。

"赶紧喝口水，一会儿我们要赶往下一个医院，吃饭肯定没时间了。"李晶提醒记者。

13 时 20 分，结束与主治医生的内部交流和媒体采访后，他们又赶往另一家医院。

"感谢总领馆的关心，"一名伤者激动地握住蔡浩的手，"我现在很担心我家人的健康。"

中国驻慕尼黑领事官员就中国公民遇袭事件接受媒体采访。新华社记者朱晟摄

在与院方沟通完，已近 15 时 30 分。"咱们上车吧，还有一名同胞（伤者）在纽伦堡，虽然相对而言比较稳定，但还是令人忧心。"蔡浩担忧地说。

纽伦堡距离维尔茨堡大约 130 公里，由于修路堵车等原因，一行人 18 时才赶到纽伦堡的收治医院，探望另一名在袭击中受伤的香港公民。

"还好还好，总算身体状况已经稳定，"蔡浩略显放松地从医院出来，"我们可以去吃点东西。"

天色已黑，简单吃点东西后要抓紧赶回维尔茨堡，因为第二天一早还要照应从香港来德的家属和官员。

办完住宿手续，已到 22 时 40 分。回房路上，蔡浩和李晶又合计了一下第二天行程：早上 6 时，跟香港方面的来人见面……

"儿子肯定睡了，来不及给他打个电话了……"李晶叹口气。李晶的爱人和孩子当时正趁假期来慕尼黑探亲，时间只有 20 天。

（新华社记者朱晟）

让海外同胞感受到家的温暖
——记中国驻俄罗斯使馆领保工作

2016 年 8 月 10 日，专程从上海赶来的许芳芳和正在俄罗斯工作的徐磊想必毕生难忘。这天，他们在中国驻俄罗斯使馆登记结婚。

在使馆领事部的"温馨小屋"等了没多久，工作人员就把制作好的结婚证拿给他们，还送上使馆特别定制的红色结婚证珍藏盒。

"在这里就像回到自己家一样！"许芳芳激动地说。

"温馨小屋"是领事部工作人员专门为来访同胞打造的一间会客室：浅色印花壁纸、白色欧式茶几、蓝色布艺沙发，看似简单不张扬，细节之处却透着用心与体贴。沙发后那一面鲜艳的五星红旗，让人忘却身在异乡。

如同这间"温馨小屋"一样，中国驻俄罗斯使馆领事部处理每件领保案件都尽心尽力，让海外同胞感受到家一样的温暖。

8 月 8 日晚上，333 名中国游客原定搭乘包机回国，因飞机出现故障而滞留莫斯科伏努科沃机场。接到领保电话后，使馆领事立即赶往机场安抚滞留同胞，为他们争取到餐点和毛毯，还协助安置老幼游客在机

2016 年 8 月 10 日，专程从上海赶来的许芳芳和正在俄罗斯工作的徐磊在中国驻俄罗斯使馆登记结婚。

场过境区贵宾室休息，说服俄方边检允许部分有俄罗斯团签的游客离开机场住宿。

在使馆的多方协调和敦促下，故障包机紧急从德国调配零部件进行维修，滞留机场的中国游客们终于在当地时间 10 日上午踏上返乡之路。

俄罗斯国土面积超过 1700 万平方公里，其中中国驻俄使馆领事部负责的面积大约 1000 万平方公里，横跨 11 个时区，领区范围堪称中国所有驻外使领馆之最。

2015 年，中国驻俄使馆领事部共接听求助电话 6000 余次，处理领保案件大约 400 起，涉及 1500 余人。案件主要为意外事故、出入境受阻、劳务纠纷和与华商经营有关的事件。

说起领事服务工作，使馆领事部蒋薇参赞说，自己以从事领事工作为荣，"因为这是实实在在为自己的同胞、自己的国家做点实事"。

由于俄罗斯幅员辽阔，不少偏远地区侨胞到使馆所在地办理业务存在诸多不便，在人手紧缺的情况下，使馆领事部排除种种困难，开设"现场办公"工作模式，领事们亲自登门服务，为当地华人送上"娘家人"的温暖。

蒋薇说，从2014年至今，领事部总计赴外地现场办公10次，行程累计10万公里。除常规送证件服务，"现场办公"工作还包括探望侨胞、拜会当地政府、探视当地服刑华人和祭扫当地中国烈士纪念设施。

在俄长途出行耗时耗力，尤其偏远地区需换乘各种交通工具辗转颠簸才能到达，其中辛苦难以言传。但用蒋薇的话说，"中国同胞走到哪里，领事服务就要跟到哪里。"

尽管使馆竭力为海外同胞排忧解难，但也难免有人心存误解或怨言。蒋薇说，作为一名职业外交官和领事官员，要以职业化态度来面对工作中出现的各种情况，将心比心、换位思考，不断提高个人工作能力。

"领事工作是一份'良心活'，只有尽力而为，受得起委屈，舍得吃苦，才能对得起自己的良心、对得起党性。"蒋薇说。

（新华社记者安晓萌）

抗议治安恶化
旅法华人理性维权获关注

"反暴力！要安全！"2016年8月21日，数千名华侨华人高呼口号，在巴黎北郊奥贝维利耶市举行示威游行，抗议当地频发针对华人的暴力抢劫事件，呼吁改善治安。

这是自现任法国总统奥朗德2012年上任以来，旅法华界举行的最大规模示威游行。亲历游行全程，新华社记者观察到，在当地华侨华人社团的组织下，如此大规模的示威活动秩序井然，理智维权的氛围浓厚，获得法国媒体广泛关注。

忍无可忍，治安恶化激发维权之举

2016年，在法国93省的奥贝维利耶市，华侨华人遭暴力抢劫的事件屡有发生，且呈愈演愈烈之势。

就以1月3日为例，奥贝维利耶的亨利·巴尔彪西大街上，傍晚短短一个半小时内便有3起劫案发生，受害者均为当地华人居民。整个2月，这一地区发生多起针对华人的入室抢劫案件。7月14日法国国庆日前夕，当地又发生北非裔青年枪击华人的恶性事件。

再至 8 月 7 日，旅法华侨张朝林在奥贝维利耶市中心遭 3 名歹徒抢劫，头部受重伤后不治身亡。此事引起当地及巴黎华人社区愤慨，成为 8 月 21 日示威游行的直接导火索。

"面对这样的治安情况，我实在忍无可忍，"在奥贝维利耶市生活多年的华人柯海慧告诉记者，她自己就有在当地遭遇抢劫、被抢匪打成"熊猫眼"的亲身经历，而法国警方不仅未能为她讨回公道，反而说"你可以搬走呀"的风凉话，令她倍感憋屈。

一位不愿透露姓名的参与游行的华人妇女说，奥贝维利耶一直治安不佳，以前遇上偷盗抢劫还基本是"劫财不劫命"，可现在的情况"让人感到真是太可怕了！"

8 月 21 日，旅法华人华侨在巴黎北郊的奥贝维利耶市举行以"反暴力 要安全"为主题的示威大游行。新华社记者韩冰摄

曾在法国外籍兵团服役、如今在一家日式餐厅做厨师的华人夏微俊说，多年来93省的治安较差，他曾在夜班公交车上被8个歹徒围堵。此次示威游行，他自发担任游行保安队的一员，因为"我们中国人只有团结起来，才能维护自己的权益"。

淡化"唯华"，有序游行获广泛关注

记者现场看到，示威游行队伍长约两三百米，人数在3000左右，多为中年人和年轻人。经采访得知，参与者主要是浙江温州籍人和福建籍人，多为小商品贸易商、工厂工人、厨师、保姆等。

游行的起点和终点分别是奥贝维利耶市政府门口和奥贝维利耶"四路"街区地铁站，距离约1.5公里。这场持续约2个半小时的游行有两个特点较为鲜明。

其一，秩序井然。游行队伍始终保持队形，不少人身穿写有抗议标语的白色T恤，几乎每人手里都拿着一面法国小国旗，或是印有"反暴力、要安全"字样的标语牌。一队安保人员一路相伴，他们由法国外籍兵团退伍华人协会的成员组成，负责将走散者引导回游行队伍，以保持队列

8月21日，旅法华人华侨在巴黎北郊的奥贝维利耶市举行以"反暴力 要安全"为主题的示威大游行。新华社记者韩冰摄

整齐、避免队伍受到意外冲击。

其二，淡化"唯华"色彩。尽管游行主要目的是呼吁保证华侨华人安全，但游行者们没有将华人社区与其他社群孤立开，而是发出了"要保障所有人安全"的口号，以争取其他同样受到治安恶化之苦的群体支持，同时强调华裔群体也是法国公民，法国政府应给予平等重视。

游行途中，一些法语较好的华侨华人社团负责人会用法语发表演讲，将示威游行的来龙去脉介绍给围观的当地民众，一再明确"反对暴力、要求安全"的主张，提出增设警力和监控摄像头等具体诉求。

记者注意到，在街头运动此起彼伏的法国，大规模游行示威中常出现一些骚乱，毁坏公共设施的行为也是屡见不鲜。但此次游行示威却没有出现这类不和谐插曲，华侨华人表现出的理智、冷静令人印象深刻。一些法国民众自发加入到游行队伍中，跟着一起喊口号。法新社等法国媒体记者在游行队伍中全程跟踪采访。

法新社、权威新闻资讯电视频道 BFMTV、《世界报》、《费加罗报》等法国主流媒体当天均报道了这次游行，且整体较为客观，大都通过采访华侨华人，揭示华人深受暴力袭击之苦、对改善所在街区治安的渴望。

《费加罗报》的报道说，奥贝维利耶市最近一年内针对华人社区的暴力抢劫和偷盗案猛增两倍。市长梅里亚姆承认亚裔容易成为暴力袭击的受害者。

该报援引一位在奥贝维利耶居住了 30 年的法国居民的话说，"多年来深受种族主义欺凌"的华侨华人们"给我们上了一堂关于组织和共和国的课。"

难题待解，还需多管齐下

针对奥贝维利耶乃至法国其他地区华人易成不良治安受害者这一问

8 月 21 日，旅法华人华侨在巴黎北郊的奥贝维利耶市举行以"反暴力 要安全"为主题的示威大游行。新华社记者韩冰摄

题，中国驻法外交部门积极发挥领事保护职能。

法国华人之家维权中心负责人曹华钦说，在奥贝维利耶等地针对华人的暴力犯罪事件发生后，中国驻法使馆领事部都迅速跟法国警方展开交涉，和法国内政部、警方高层保持密切接触，探望受伤侨胞，参与警民双方会谈等。

今年初，在使馆领事部的推动下，5 名抢劫华人的歹徒被法国警方抓捕。随后的三个月中，奥贝维利耶当地警察先后抓捕了 32 名歹徒，其中有 10 多人来自专门攻击华人的抢劫团伙。

除此之外，奥贝维利耶的华侨华人认为，要改善华人团体面临的治安现状，还需要多管齐下。一方面，华人团体要积极自发组织维权活动，对相关部门继续施压；另一方面，还需鼓励年轻华裔积极在法国参政议政，培养自己的政坛力量。

记者了解到，奥贝维利耶地区华人已通过微信群等手段组织成立了当地居民治安维权中心，与市政府、辖区警察局沟通交涉。旅法侨界还计划 9 月 4 日在巴黎市内的共和国广场再次举行示威游行，表达安全诉求。

奥贝维利耶市华人议员日玲建议华人增强维权意识，受到侵害后主动前往警局报案。在法国警力不足现状下，只有高发案率的地区才能得到足够的警力配置。

法国亚裔联盟主席孙文雄鼓励华人在法国积极参政，推动改善生存状态。他举例说，犹太族裔在法国的安全之所以受重视，重要原因之一就是这个族裔的从政者人数多。"无论从安全，还是从发展角度考虑，我们都需要鼓励大量的华裔，特别是年轻人，去参政议政，"他说。

（新华社记者韩冰、应强）

寻找"失联"学生　沟通化解郁结

孩子在国外留学，一旦联系不上，家长就会心急如焚。这时候如果在当地没有亲友，当地使馆就成了家长们的"救命稻草"。中国驻芬兰大使馆领事部就常常接到国内家长寻找失联孩子的求助。

领事部主任林键说，一些留学生刚来时还经常和家里沟通，时间长了就疏于联络，有时候家长可能一个多月都联系不上孩子。"在使馆教育组的协助下，迄今为止都找到了，孩子们有的是因为忙，有的是搬了家，但也有一些是患上抑郁症，不愿意同家里联系的。"

2016 年 2 月份，国内一位父亲发来电子邮件说，儿子小余（化名）2009 年到芬兰留学，签证早就过期了，但一直没回国。这位父亲说，由于自理能力不足，也缺乏对外交往，小余的学习也受到影响，无法顺利结业，孩子觉得回国没面子，于是延期滞留。

后来，家长与孩子的联系渐渐困难，小余不接电话、不回邮件是常有的事。即便接电话也不愿意多讲话，有时候还会吵嘴，甚至挂掉电话。

根据父亲的描述，林键判断小余可能患有轻度抑郁症。几经周折，林键终于拨通了小余的电话。

"话不多，听我说完话总是沉默一阵才回答"，这是林键第一次和他通话时的印象。经过反复做工作，孩子终于同意回国。这时候，父子俩又有了新的担忧，会不会遭到芬兰警方的为难？

面对这样一个举目无亲、内心惶恐的孩子，林键一方面进行必要的安抚，一方面利用所了解的法律知识打消他的疑虑。"我们不是执法人员，不能承诺芬兰方面会做出怎样的决定，但也不能把事态讲得太严重，这会加重他的心理负担，"他说。

"只要有中国护照，总能回到祖国"，这句话给了小余信心。虽然使馆建议小余主动找警方进行自愿遣返，但他最终还是选择了直接订机票回国。

使馆尊重小余的选择，让他带齐医生诊断、服药证明、银行账户、经济来源说明等个人文件，万一被截留，以便警方迅速取证。同时嘱咐他，可以随时打电话求助。

2016 年 9 月 11 日，赫尔辛基，领事部主任林键（前排左二）出席一次华人舞蹈比赛。
郭立汉摄

2014 年 9 月 29 日，赫尔辛基，中国驻芬兰大使于庆泰、夫人孙丽萍带领使馆官员参加中国学生国庆联欢。新华社记者李骥志摄

2013 年 2 月 2 日，赫尔辛基，时任中国驻芬兰大使黄兴（第二排左六）、政务参赞陈雯（第二排左七）、教育组组长邓理明（第二排左八）参加赫尔辛基大学中国学生联欢。新华社记者李骥志摄

果然，机场边防在检查护照时把他扣下。林键接到电话后，立即去机场面见边防局调查员。由于签证超期三年，边防局决定不了，只能转交移民局。第二天，移民局很快做出裁决，同意当事人回国，鉴于其个人状况，不予罚款，但此后三年内不得再次入境芬兰。林键说，这已经是最好的结果了。

2016年5月29日，赫尔辛基，使馆领事部主任林键出席一次华人活动。新华社记者李骥志摄

这类案例，在中国驻芬兰大使馆并不少见。

今年夏天，使馆领事处接到一位中国母亲的电子邮件说，女儿在芬兰北部城市罗瓦涅米上大学，最近一个月突然失去联系，希望使馆帮忙寻找下落。

在拨打手机、发电子邮件都得不到答复的情况下，使馆教育组动员当地中国留学生组织找到了女大学生的住处，但并没有找到人。

由于不希望孩子受到惊吓，母亲也不同意报警。最终在使馆的建议和协助下，这位母亲办理了加急签证，亲赴芬兰，最终见到了女儿。

使馆教育组组长高宇航回忆说，小姑娘身体状况不太好，学习也遇到了困难,已经被学校劝退,但是不愿意把真相告诉母亲,心理陷入焦虑。

林键说,青少年生活环境改变后,如果找不到好朋友,多少都会有精神压力。家长在送孩子出国时,除了学习成绩之外,还要充分认识孩子的自立和自理能力。

芬兰地处高纬度,人口密度低,冬季漫长寒冷,比较容易罹患抑郁症。

高宇航说,使馆组织各地中国留学生在最容易影响情绪的入冬季节多搞集体活动,如室内足球赛、羽毛球对抗赛、歌唱比赛等。

"这些集体活动看似不起眼,其实作用很大,有利于帮助学生解压、化解不良情绪。"高宇航说,"如今患抑郁症的学生越来越少了。"

林键还建议说:"现在芬兰签证好办了,家长也可以多来芬兰看看孩子,一年见一次面,对缓解孩子精神压力有很大帮助。"

(新华社记者李骥志)

同胞的求助就是命令
——记中国驻荷兰大使馆领事保护工作

  2016 年 8 月 2 日凌晨 5 时多，中国驻荷兰大使馆主管领事官员被急促的手机铃声惊醒。一名从北京飞抵阿姆斯特丹的中国留学生紧急求助：因她带的几盒中药被荷兰海关怀疑含有违禁成分，她将被罚款、甚至可能遭起诉。这名留学生焦急万分，使馆领事官员连忙安抚，随即开始与荷兰海关人员协商交涉。

  对中国驻荷兰使馆领事官员来说，半夜或凌晨回应同胞的求助，是日常领保工作中最普通的事。

  随着中荷关系快速发展，赴荷留学、旅游、经商、生活的中国公民人数不断增加，中国公民在荷遭遇各种困难和问题的几率增大，使馆面临的领保任务日益繁重。据荷兰方面的统计，荷兰现有华侨华人 12 万。目前，在荷中国留学生有 8000 多人，中资企业有 400 多家。2015 年赴荷中国游客近 30 万人。

  据中国驻荷兰大使馆领事部主任蒋华介绍，近两年来，中国公民在荷遭遇交通事故、突发疾病、贩物和证件丢失或被盗抢、出入境受阻、因机场罢工或天气等原因转机困难或滞留机场，以及留学生的各种问题均较前几年大幅增加。2014 年和 2015 年，使馆共处理领事保护和协助案件 700 多起，服务中国公民近 5000 人次。其中，妥善处理中国公民意外死亡、交通事故受伤、遭持枪抢劫巨额财产、突患重病长期昏迷等较重大领保案件 50 多起，受理来电来信求助或咨询 5000 多起。

蒋华告诉记者，每当遇到重大或特殊事件，使馆领导都高度重视，靠前指挥，领事部立即牵头启动领保应急机制，全力推动问题的解决。他说："同胞在异国他乡遇到困难找领保，他们的求助就是命令，我们当然要竭尽全力提供帮助。"

2016 年 4 月中旬，为了寻找精神病复发的中国游客并将她护送回国，领事官员们连续数日无休无眠，费尽周折解决问题，就是视同胞求助为命令的典型案例。4 月 19 日深夜，领事部接到杨先生从国内打来的求助电话，说他女儿有精神病史，现只身在阿姆斯特丹旅游。从当日通信中杨先生分析女儿很有可能病情复发，恳请使馆协助寻找并送她回国。但由于杨先生连女儿入住的酒店名称和地址都无法准确提供，领事部只好立即协调荷兰警方、移民局、酒店等机构，并调动侨界热心人士、华人旅行社等资源，全力寻找，在当天深夜与小杨取得了联系。

次日，领事官员按约定赶到酒店准备接小杨赴机场，却发现她已打车离开。"不能让中国公民出任何意外！"使馆再次紧急行动，在荷兰警方和出租车公司协助下，终于在阿姆斯特丹某鲜花市场找到小杨，并将她护送到机场。办好登机手续后，小杨在安检区突然发病，被荷兰宪兵依法暂扣调查，由此错过当日航班。为确保小杨的健康和安全，领事官员与机场、航空公司等方面紧急协调，并征得她家人的书面同意，当晚将其送院治疗。领事官员一边和小杨家人联络，索取既往病史和用药纪录，协助医院翻译资料，一边紧急联系荷兰驻华使馆为小杨家人来荷提供签证便利。4月24日小杨在家人陪同下登上了回国航班。杨先生后来还专门给中国外交部送去感谢信和锦旗。

　　除领保案件应急处置外，预防性领保宣传也是工作重点之一。蒋华告诉记者，近年来，使馆一直定期由馆领导率队前往不同城市开展预防性领保宣传，与当地同胞座谈交流，并进行领事证件现场办公。使馆还编写印制了《中国公民赴荷兰旅游行为指南》和《驻荷兰使馆领事保护与服务指南》，总结领保与协助中的常见问题及应对方法，并利用各种机构和媒体推介《指南》，帮助在荷同胞加强风险意识和法律意识，提高自我保护能力。

　　人员往来促进了中荷交流与合作，也对领保工作提出了更高要求。蒋华说，中国驻荷兰使馆将一如既往，继续着力加强预防性领保工作，借助各方力量共同参与预防性领事保护和应急处置工作，全面提高领保与服务能力。

（新华社记者刘芳）

24 小时无缝领保服务时刻为民
——记中国驻瑞典大使馆领事保护工作

　　"您好，这里是中国驻瑞典使馆领事保护电话"，2016 年 6 月 28 日晚，使馆领事部主任郭延航像往常一样，只要听到领保电话铃声响起，便迅速接听。来自大连一家旅行社的 18 人团组因国内旅行社和地接社之间出现团费缴纳问题，被导游拒绝安排入住，无奈之下寻求领事保护。

　　郭延航接到电话后马上联系导游，要求其安排入住。在领事部劝说下，地接社才勉强同意安排这 18 位同胞住宿一晚。就在领事部协调两家旅行社妥善解决纠纷的同时，这 18 位同胞 6 月 29 日下午拖着行李直接被"抛弃"在使馆领事部门口。他们身心疲惫地坐在领事部办证大厅，对发生的一切感到难以置信、气愤不已又焦虑万分。

　　据领事部工作人员罗锦生介绍，每年 6 月至 8 月是瑞典旅游的黄金季节，中国游客扎堆赴瑞，旅游纠纷成为近年来突出性领保案件。但在旅游旺季中，临时解决 18 人的餐饮、住宿和交通，难度不小。

　　领事部 3 名工作人员兵分三路，一方继续做国内旅行社工作，要求其合理解决问题；一方负责安抚 18 位同胞的情绪；一方联系当地侨社，积极寻找备用饭店、住宿和车辆。郭延航还加入了这个团组维权的微信群，时刻关心他们的维权进展和诉求，为他们能全天 24 小时及时联系到使馆提供便利。

在一整天交涉无果、国内旅行社态度反复并互相推脱责任的情况下，使馆领事部借助侨社资源，顺利将 18 位同胞安顿下来，并与其达成一致，尽快回国通过法律手段维权。随后，领事部又协调国航斯德哥尔摩办事处，将 18 位同胞分批顺利送回国。

据罗锦生介绍，除了近年来颁发的旅游纠纷和旅途中遭盗窃及抢劫等案件，因抑郁症发生的领保案是瑞典特色性领保案件。

罗锦生说，瑞典地处高纬地区，一年四季冬长夏短，冬天时经常不见太阳，这种气候特点使抑郁症患病率较高。旅瑞中国公民也有一定数量的抑郁症病例，甚至有极个别走向极端，险些造成不可挽回的损失。与旅游纠纷案件能即刻解决不同，重度抑郁症领保案件往往需要领保人员长期、耐心地跟踪，时刻关注抑郁症同胞在当地的治疗进展，并克服时差随时与其国内亲属保持联系，以便必要时协助家属前来探望或将患者接回国治疗。

罗锦生说："国家对中国公民在海外的权益越来越重视，同胞走到哪里，我们的领事保护就跟随到哪里。同胞寻求领事保护是对使馆的信任，尽管工作压力很大，我们依然坚持 24 小时无缝领保服务，建立完善的领保机制，充分做好各种解决预案。"

（新华社记者和苗、付一鸣）

在爱琴海边，做华侨华人利益的守护者

——记中国驻希腊大使馆领保工作

　　2014 年 1 月赴任之时，中国驻希腊大使邹肖力就意识到希腊侨务工作正面临极大的困难：深受希腊债务危机的影响，希腊华侨华人已经由最高峰时期的四五万人，锐减到一万人左右；许多人情绪低落，对未来不抱希望。

　　"作为领保工作第一责任人，我要做的第一件事，就是通过开展民生工程，让希腊的侨胞感受、分享到国家发展和两国合作的红利，让他们像生活在祖国大地上的中国人一样有尊严。"邹肖力说。

　　经过扎实的调研，邹肖力带领使馆做了几件实事。

　　使馆帮助华侨华人建立与希腊民众和高层沟通的渠道，将华人报纸《中希时报》增加了希腊语版，让希方各级政府了解到在希华人的呼声和诉求，了解中希双边合作交流的动态；引导华侨华人在自己具备优势的领域进行突破，如汉语教育；推动中文导游合法化进程；为华商企业参与中远海运在比雷埃夫斯港的发展建设牵线搭桥。

　　此外，使馆重视华侨华人下一代的教育，多次与华侨华人聚居区的市政府联系，因地制宜建立中文学校；支持侨团为当地公益事业做出贡献，让华侨华人在希腊树立良好的社会形象。

作为海外民生工程的一部分，使馆在希北部全国第二大城市塞萨洛尼基的异地领事现场办公常规化，解决了在北部地区工作和生活的侨胞办理护签证件的实际需求。

侨胞石少华在塞萨洛尼基经营一家日用品批发店。按照规定，中国公民办理护照、公证等大多数领事证件均需本人到场与领事官员见面。对于有三个孩子的石少华来说，办理领事证件成了一件费时、费钱的事。

使馆到塞萨洛尼基异地办公改变了这一切。"从店里3分钟就走到，方便了太多。"石少华说，更让他印象深刻的是，服务质量提高了，办理护照的手续费却比10年前减少了。

在首都雅典，使馆则将异地领事现场办公拓展到华人集中的市中心，利用周末时间，每年春、秋两次在雅典"中国城"现场办理护签手续。"使馆领事官员早晨9点开始在'中国城'办公，桌子还没摆停当，门里门外已经是人山人海。"《中希时报》社长吴海龙说，从上午9点到下午4点，使馆领事官员甭说休息，甚至根本没时间吃饭，因为前来办理手续的侨胞太多了。

在中国使馆的全部工作中，负责领保工作的签证处接地气，工作具体而烦琐，但又直接关系到民生。因此，如何根据当地法律法规，让海外中国公民感受到尊严与实惠，是领事部门工作的重中之重。

领事部门处理最多的，就是中国游客因被偷盗或其他种种原因丢失钱包和证件的问题。在证件无法找回的情况下，使馆需为中国公民补办临时旅行证。

去年9月，签证官葛刚曾接手这样一桩案例。一位从深圳来的游客在回国前一天，丢失了财物和证件。这名游客是晚上9点找到葛刚的，尽管葛刚连夜把她的材料发回国内所在机关，核实其公民身份，这个游客还是绝望地哭了。因为时差问题，国内上午9点钟才能收到核查文件，对应希腊时间是凌晨4点，而希腊时间早上7点，她的航班就要起飞了。

面对焦急的游客，葛刚的回答给她吃了颗定心丸："只要你能找到国内的亲友，让国内的公安机关立即发来回复函，那么我4点钟起来给你发证件。"葛刚也确实这样做了。第二天，这位游客按时登上了回国的航班。

中国国家实力在提升，对海外公民的关注度、保护度也在提升。但领保人员配备明显不足，希腊大使馆的每一名领保干部都要以一当十。尽管如此，他们还是克服困难、尽心尽责，在美丽的爱琴海边守护着华侨华人的利益。

（新华社记者刘咏秋、陈占杰）

巴塞罗那领保出新招
"三道防线"守护中国公民

1 名领保专员，20 万中国游客，7 万华侨、留学生、中资企业员工，全年 600 通电话、500 多起案件……这是与驻巴塞罗那总领馆领保工作有关的几项数据，数字背后是不断增长与日益多元的领保诉求。

"中国已进入全球多点同时爆发各类领事保护案件的特殊时期"，驻巴塞罗那总领事汤恒坦言、"当前领保工作面临三重供需矛盾：一是扩大的领保需求与有限的领保资源之间的矛盾；二是领保案件常态化与领保人员缺乏之间的矛盾；三是公众期望值与领保工作局限性之间的矛盾。在这种形势下，总领馆决定按照王毅部长的指示，将领保工作关口前移，主动构筑守护海外中国公民安全的三道防线。"

第一道防线：事前提醒预警

随着来巴塞罗那的中国游客数量不断攀升，"中国游客成为给巴塞罗那带来最多收入的前十大游客群体之一"、"西班牙定下到 2020 年迎接百万中国游客的宏伟计划"……此类新闻屡见不鲜。然而，除了惊艳的风景与舌尖上的美食外，这个城市给人们留下深刻印象的，还有针对游客的盗抢案件。

"驻巴塞罗那总领馆证件部 2015 年为丢失护照的中国游客办理旅行证约 600 本，这个数量在中国驻欧洲乃至全球使领馆都位居前列。今年以来，总领馆已受理丢照中国游客旅行证申请 338 起。仅在过去一个月内，就接连发生两起共计 60 名游客集体丢照事件"，总领馆证件部主任张震向记者介绍称，国内游客在巴塞罗那遇窃案件频频发生，节假日期间更会成倍增加，证件部面临不小压力。今年春节期间，总领馆为此制定了应急方案。自腊月二十八至正月初十，证件部为游客补办旅行证 45 人次，当日受理量最高达 8 人次。

在一次次面对惊魂未定的游客，一次次听他们哭诉自己的委屈，一

次次焦急地等待国内身份核查结果；一次次争分夺秒制好证件，让游客们及时登机的同时，领事们也在不断思考：如何才能把游客们的损失降至最小，如何才能未雨绸缪而非亡羊补牢？

于是，在一些重要时间节点，比如暑期旅游季来临前，或每年巴塞罗那世界移动通信大会召开前，总领馆都

会发布有针对性的领事提醒，让游客们绷紧安全的"弦"。

在工作中，领事们也不断搜集各类案例，抽丝剥茧、总结分析，并编写成一份翔实的《巴塞罗那防盗指南》，内容涵盖小偷惯用伎俩、常见地点、针对目标及防盗措施等。

这份被称为巴塞罗那"史上最全"的防盗指南一出炉，不到一天时间就获得了近万条的阅读与转发量，网民的热烈反应充分表明《指南》的实用性，总领馆随即将其印制成册并组织发放，取得良好效果。

第二道防线：预防性领保宣传

"我在西班牙十几年了，感觉领事馆就是办证的地方。直到孩子被福利院领走，才知道领事馆也能保护我们！……""我今天才知

道领事馆还有'领事保护电话'……"

　　从公号用户给总领馆的留言可以看出，对绝大多数普通民众而言，领事保护仍是一个相对陌生的概念，很多人不了解领事保护的职责范围，这导致了两方面问题：一是海外中国公民对于如何远离危险和寻求保护缺乏认知；二是一些走出国门的中国公民会向驻外使领馆提出超出领事保护权限的要求。

　　驻巴塞罗那总领馆领保专员王硕向记者介绍说，他经常碰到当地中国侨民或游客提出不合理的诉求，比如要求总领馆替其出庭作证、调查案件或是追讨现金等。"这也不难理解，领事保护工作是'国内千条线，国外一根针'。随着老百姓维权意识不断提高，'有困难找使馆'已成为很多游客的第一反应，但实际上领事保护受驻在国法律和领事官员职权的限制，不能越权、护短，更无法包治百病。"

　　为了更好地保护和帮助领保对象，厘清领保工作的"可为"与"不可为"，今年3月总领馆请来巴塞罗那主要华人旅行社、导游协会、志愿者之家负责人及华文媒体记者等，以座谈会的形式上了一堂生动的"预防性领保"课。

　　通过一个个案例与问答，大家对领保的职责权限、常见案例处置办

法等有了更直接和深刻的认知，海外安全风险意识悄然生根。一名工作多年的旅行社负责人说，"回去后我们要针对导游专门进行一些领保常识培

训，这样大家就更清楚如何规避风险、如何向总领馆求助，以及如何最大程度地保护自己。"

第三道防线：升级领保网络

"叮……"总领馆的领保电话时常会在凌晨或半夜响起。从证件遗失到交通意外，从劳务纠纷到亲人失联，从生命垂危到精神失常，领保案件及诉求可能涉及各个方面。由于这个号码关乎领区内近七万华侨、留学生及每年近二十万游客的权益和安危，总领馆领保专员必须 365 天、每天 24 小时随时待命。

1：20 万（1 名领保专员，20 万中国游客），在领保人员超负荷运转的工作常态下，如何才能提高工作效率，尽可能有效、有力地保护本国公民海外安全？在信息高速传播的互联网时代，在公民诉求不断升级和使领馆反应稍微迟缓就可能招致投诉的情况下，该如何提升领保工作质量？

显然，随时冲出去的"灭火式"领保难以为继。于是，总领馆利用日常对外交往不断积累领保资源，重视加强与当地移民、警察、医院、

社会救助等部门沟通联络，力争做到关键时刻"找得到人，说得上话，办得成事"。汤恒总领事到任不到一年的时间里，已多次走访领区应急指挥中心，拜会各级警察局，探讨建立由总领馆、当地警方和主要华人社团共同组成的三方联动机制，以做好对领区各类涉华突发事件的应急处置工作。

除 24 小时领保电话外，总领馆还开通了官方微信公众号，对原有网站进行改版升级，利用"电子领事平台"为民众提供"信息上门"和"一站式"服务。"新生儿办理护照需要带什么？""带小孩到中国办委托书需要什么材料""怎么领结婚证？"……公号后台和公共邮箱每天会接到约 50 条问题与求助，领事们则会以最快的速度和最专业的知识进行全天候在线解答。

汤恒总领事介绍称，接下来总领馆还将把领保工作的关口进一步前移，通过建立当地领保联络员制度等措施，进一步构建各方力量广泛参与的"预防性领保"工作格局，共同为海外中国公民撑起一把"越来越牢固的保护伞"，最大限度维护好中国公民和机构的海外安全与合法利益。"

（记者：周喆；编辑：陈璐；新华国际客户端报道）

在爱琴海边，做华侨华人利益的守护者

——记中国驻希腊大使馆领保工作

2014 年 1 月赴任之时，中国驻希腊大使邹肖力就意识到希腊侨务工作正面临极大的困难：深受希腊债务危机的影响，希腊华侨华人已经由最高峰时期的四五万人，锐减到一万人左右；许多人情绪低落，对未来不抱希望。

"作为领保工作第一责任人，我要做的第一件事，就是通过开展民生工程，让希腊的侨胞感受、分享到国家发展和两国合作的红利，让他们像生活在祖国大地上的中国人一样有尊严，"邹肖力说。

经过扎实的调研，邹肖力带领使馆做了几件实事。

使馆帮助华侨华人建立与希腊民众和高层沟通的渠道，将华人报纸《中希时报》增加了希腊语版，让希方各级政府了解到在希华人的呼声和诉求，了解中希双边合作交流的动态；引导华侨华人在自己具备优势的领域进行突破，如汉语教育；推动中文导游合法化进程；为华商企业参与中远海运在比雷埃夫斯港的发展建设牵线搭桥。

此外，使馆重视华侨华人下一代的教育，多次与华侨华人聚居区的市政府联系，因地制宜建立中文学校；支持侨团为当地公益事业作出贡献，让华侨华人在希腊树立良好的社会形象。

作为海外民生工程的一部分，使馆在希北部全国第二大城市塞萨洛尼基的异地领事现场办公常规化，解决了在北部地区工作和生活的侨胞办理护签证件的实际需求。

侨胞石少华在塞萨洛尼基经营一家日用品批发店。按照规定，中国公民办理护照、公证等大多数领事证件均需本人到场与领事官员见面。对于有三个孩子的石少华来说，办理领事证件成了一件费时、费钱的事。

使馆到塞萨洛尼基异地办公改变了这一切。"从店里3分钟就走到，方便了太多，"石少华说，更让他印象深刻的是，服务质量提高了，办理护照的手续费却比10年前减少了。

在首都雅典，使馆则将异地领事现场办公拓展到华人集中的市中心，利用周末时间，每年春、秋两次在雅典"中国城"现场办理护签手续。"使馆领事官员早晨9点开始在'中国城'办公，桌子还没摆停当，门里门外已经是人山人海，"《中希时报》社长吴海龙说，从上午9点到下午4点，使馆领事官员甭说休息，甚至根本没时间吃饭，因为前来办理手续的侨胞太多了。

在中国使馆的全部工作中，负责领保工作的签证处接地气，工作具体而繁琐，但又直接关系到民生。因此，如何根据当地法律法规，让海外中国公民感受到尊严与实惠，是领事部门工作的重中之重。

领事部门处理最多的，就是中国游客因被偷盗或其他种种原因丢失钱包和证件的问题。在证件无法找回的情况下，使馆需为中国公民补办临时旅行证。

去年9月，签证官葛刚曾接手这样一桩案例。一位从深圳来的游客在回国前一天，丢失了财物和证件。这名游客是晚上9点找到葛刚的，尽管葛刚连夜把她的材料发回国内所在机关，核实其公民身份，这个游客还是绝望地哭了。因为时差问题，国内上午9点钟才能收到核查文件，对应希腊时间是凌晨4点，而希腊时间早上7点，她的航班就要起飞了。

面对焦急的游客，葛刚的回答给她吃了颗定心丸："只要你能找到国内的亲友，让国内的公安机关立即发来回复函，那么我4点钟起来给你发证件。"葛刚也确实这样做了。第二天，这位游客按时登上了回国的航班。

中国国家实力在提升，对海外公民的关注度、保护度也在提升。但领保人员配备明显不足，希腊大使馆的每一名领保干部都要以一当十。尽管如此，他们还是克服困难、尽心尽责，在美丽的爱琴海边守护着华侨华人的利益。

（新华社记者刘咏秋、陈占杰）

"为侨胞解决困难，再辛苦也值得！"

——记我驻意大利使馆赴西西里现场办公

2016 年 8 月 19 日，中国驻意大利使馆领事部 3 名外交官来到西西里岛重要城市卡塔尼亚现场办公，让包括胡志灿在内的西西里岛华侨喜出望外。

胡志灿是西西里盛产开心果的小镇布隆泰一家店铺的店主，布隆泰

中国驻意大利使馆领事部 3 名外交官来到西西里岛重要城市卡塔尼亚现场办公，提供证件办理等领事服务，为当地侨胞带来了便利。新华社记者罗娜摄

距离卡塔尼亚有不到 1 小时的车程。"幸好今年赶上了现场办公，按照网上预约好的时间赶来，很快就办好了材料，还没到中午就能赶回去照看店铺了。"胡志灿说。

胡志灿去年没能等到我驻意使馆领事

部到家门口的现场办公,给孩子办护照就只能去位于首都罗马的大使馆。"早晨5点赶到机场坐飞机去罗马,之后下午4、5点再赶飞机回到西西里,折腾一天就为了办一本护照。"胡志灿称那段经历"让人精疲力竭"。

西西里岛是意大利南部岛屿,位于意大利靴型半岛版图中的"鞋尖"前方。由于意大利南北狭长,从卡塔尼亚到罗马要么乘坐1个多小时的飞机,要么只能渡海并穿越大约800公里的陆路。

为方便我侨胞办理证件,我驻意使馆每年至少来西西里现场办公一次。

现场办公不仅吸引了居住在西西里岛的华侨,甚至也吸引了生活在与这座地中海最大岛屿隔墨西拿海峡相望的意大利半岛南端的华侨们。

上午9时,外交官们已在办公地点安置好信息采集机器,正在进行最后的材料准备工作。现年29岁的陈女士已经抱着刚出生40天的孩子在门外等候。她来自雷焦卡拉布里亚,一座与西西里岛隔海相望的意大利半岛南端城市。

"加上坐轮渡的时间,从家到卡塔尼亚也就1个多小时,而坐火车去罗马单程至少6个小时,机场离市区远,坐飞机也不方便,"陈女士说,如果没有现场办公,就意味着给新生儿办护照要带足小孩

提供了现场办公地点的"Misterbianco"中文学校,为更好配合这次现场办公,一个月前就特意安排一名老师与使馆沟通,熟悉网上预约流程和办理证件所需材料等,协助使馆向华侨发布信息。这是老师在办公现场指导华侨填表。 新华社记者罗娜摄

3 名外交官从早晨忙到晚上七八点，午饭也在办公地点匆匆解决，这一天的现场办公办理证件近 300 份。新华社记者罗娜摄

一天的用品、多次转车奔波。

9 时 30 分，正式开始办公之前，现场办公所在地——西西里米斯泰尔比安科中文学校外就已停满了车辆。从一大早开始，3 名外交官一直忙到晚上 7、8 点，共办理了近 300 份证件。

为方便华侨办理证件，我驻意使馆领事部的外交官们几乎每个月都要前往罗马以外地区，西西里岛是他们现场办公走过的最南端。

据使馆领事部主任李帆介绍，西西里的华侨人数约有 6000 人，从数量上来说，证件办理需求量比不上那不勒斯等大城市，但由于距离罗马太远，现场办公能给侨胞带来切实的便利。"为侨胞解决困难，再辛苦也值得！"李帆说。

（新华社记者葛晨、罗娜）

地震灾区送关怀

——中国驻意使馆探访留学生

2016 年 8 月 24 日凌晨，意大利中部地区发生地震，造成重大人员和财产损失。意大利约有 1.8 万名中国留学生，在佩鲁贾、马尔凯等震区的留学生安危让远在祖国的家人和亲朋非常牵挂。

地震发生后不久，中国驻意大利大使馆立即派出由领事处和教育处工作人员组成的联合小组，带上救灾物资驱车 200 余公里看望在马尔凯大区学习、生活的 100 余名中国留学生。

这些留学生所在的萨尔纳诺镇位于马尔凯大区马切拉塔市，距离灾情严重的特龙托河畔佩斯卡拉较近。一个名

8 月 25 日，中国驻意大利大使馆教育参赞罗平（右二）、使馆领事处主任李帆（右三）与中国留学生所在的萨尔那诺语言学校的老师进行交流，沟通震后留学生安抚工作。新华社记者罗娜摄

8月25日，中国驻意大利大使馆领事处主任李帆（前右）邀请萨尔纳诺镇镇长切雷吉奥利（前左）向中国留学生介绍当地的灾情和救援进展。新华社记者罗娜摄

叫陈心怡的女生告诉记者，地震发生后，有些同学因担心安全问题，住进了萨尔纳诺镇政府用于临时避难的体育馆。

留学生苗家铭说，8月24日凌晨，他先被剧烈的晃动惊醒，后来发现窗外路灯也在摆动，很快小镇就停了电。他和同学连忙来到街上，看到有些意大利邻居带上行李准备开车外出避难。十几分钟后，小镇恢复了供电，他和同学才回到住所。

中国驻意大利大使馆教育参赞罗平说，使馆十分关心在意中国留学生的安全，看到大家平安无事感到非常欣慰。他安抚留学生在这样的特殊时刻要沉着镇静，放平心态，安心学习。

使馆联合小组特意邀请萨尔纳诺镇的镇长切雷吉奥利向中国留学生介绍当地的灾情和救援进展情况。切雷吉奥利说："萨尔纳诺不是地震震中，而且当地有非常完备的地震应急预案，现在还开放了应急避难场所，专业工程师还对镇上建筑进行了检查，没有发现问题。所以目前没有危险，大家在萨尔纳诺可以放心。"

使馆领事处李帆主任说，使馆时时刻刻关注在意留学生的安全，愿为同学们提供帮助。

在场的中国留学生纷纷表示，他们身处他乡，仍能感受到祖国的温暖和强大。他们感谢使馆的关怀，也希望国内亲友放心，他们会在意大利安心学习，努力完成学业。

（新华社记者罗娜）

永不离身的应急电话

——记中国驻米兰总领馆领保工作

2016 年 6 月 9 日是中国传统佳节——端午节。"假期期间，自己的手机可以不带，但领保应急电话时刻不能离身。"中国驻米兰总领馆领事官员孔瑞这样描述自己的假期值班生活。

在刚刚过去的端午假期中，孔瑞负责值守领保应急电话。虽然"没出啥大事"，但他还是接到了十几个热线电话，其中一起"特事特办"案例发生在出境的中国游客身上。一名中国游客在法国丢失了证件，但他的行程下一站是米兰，为了让这名游客赶上回国的航班，米兰领馆启动了应急程序为其补办证件，比正常处理期缩短了两个工作日。当这名游客抵达米兰时，及时拿到了临时证件，没有耽误原定行程。

意大利每年入境的中国游客众多，其中大部分都行经米兰，证件丢失或被窃的事件时有发生，米兰总领馆几乎每天都要接到申请补办证件的案子。仅 2016 年 3 月份，米兰总领馆受理的案子就达 98 起。为来自中国的游客补办证件需要和国内外多个部门协调，但只要中国公民通过

驻米兰总领馆工作人员利用周末时间赴位于意北部偏远山区的巴尔杰市现场办公，为当地侨胞受理护照、公证、认证等领事证件申请，提供各类领事证件咨询服务。

驻米兰总领事王冬和总领馆工作人员利用周末时间赴位于意北部偏远山区的巴尔杰市现场办公，为当地侨胞受理护照、公证、认证等领事证件申请，提供各类领事证件咨询服务。后面站立的女士为驻米兰总领事王冬。

领保应急热线求助，领馆工作人员都是在第一时间想方设法为申请人排忧解难。

米兰老华侨、华夏集团董事长周小燕在意大利生活工作 20 多年，经常遇到与中国同胞有关的领保紧急事件。她告诉记者，领保案件五花八门，有中国人被偷被抢、因报关问题被意大利警方扣留、突然病故、遭遇交通意外等等。

谈到近年来领保工作的变化时，她说："感到领保工作职责越来越明晰，办案效率明显提高。"她提到，前两年有一名中国女公民在意大利自然死亡，意大利有关部门办案程序繁琐、时效慢，三个多月无法处理后事。后经领馆介入，和当地检察部门协调，加快案件办理，最终妥善解决了家属的窘境。

据了解，米兰领区生活着近 20 万中国侨民、数千名中国留学生以及 140 多家中资企业及代表处的工作人员。米兰总领馆领事部主任蔡蕾介绍说，2015 年米兰总领馆共办理护照、签证等各类领事证件近 10 万份。2016 年端午节前，领馆利用周末时间，冒着大雨远赴领区最偏远的山区巴尔杰市进行现场办公。那里的侨胞多为打石场工人，生活非常艰苦，交通也极为不便，总领馆去当地提供上门服务已坚持了 15 年。

近些年，中国公民赴海外旅游、商务出行人数大幅增加，"海外民生"工程的紧迫性和重要性在领事保护和服务工作中日益凸显。中国驻米兰总领事王冬表示，面对领区领保工作繁重的现实，领馆推出了多种挖潜增效的做法，争取为领区侨胞及中国公民提供更优质便捷的领事服务，如开通总领馆微信公众号并在领馆官方网站开通专栏实时推送领事资讯服务、多渠道推广宣传针对本领区设计的《领事服务指南》、联合米兰警察局推出中文报警单等。

中国驻米兰总领事王冬说，领事保护和服务工作是我国驻外使领馆维护中国公民合法权益的具体体现，驻米兰总领馆将坚持"以人为本，外交为民"的理念，统筹和充分发挥各类资源，为领区内中国公民打造全方位领保安全网络，切实维护好在意中国公民和法人的合法权益。

（新华社记者宋建）

中国驻英大使馆送领事保护进校园

4月18日，中国驻英国大使馆联手当地法律专家，在剑桥大学启动2016年"领事保护进校园"行动，为留英中国学子举办领事保护和留学服务讲座，受到普遍欢迎。

中国驻英国大使馆参赞兼总领事费明星长期从事领事保护工作。当天，他以"平安旅居"和"愉快留学"为主题，向海外学子讲述了及早掌握领事保护知识对于他们生活和学习的重要意义。

费明星说，英国作为中国公民主要旅游和留学目的地之一，近年来发生的领事保护案件数量呈上升之势。2015年，涉在英中国公民主要领保案件数量达249起，涵盖出入境、居留、文明旅行、信用、健康、安全等各环节。此外，极端天气和交通受阻也往往会给中国游客和留学生带来意想不到的困难，值得海外学子加倍留意。

费明星建议，海外留学生进一步增强守法意识，并了解必要的维权途径。当发生重大紧急情况、合法权益受侵害时，可通过我驻外使领馆及时寻求领事保护；在领事保护以外，还应掌握"日常问题找学校、专业问题找律师、紧急情况找警察"的维权和求助渠道。

　　他还建议,海外学子应特别注重证件与档案资料的备份与保存工作。考虑到大量领保案件都与护照丢失、签证处理不当有关,因此建议留学生提早准备各类重要证件复印件,以备不时之需。

　　作为"领事保护进校园"行动的一部分,中国驻英大使馆还联合剑桥中国学生学者联谊会,组织留学服务人员与法律专家为海外学子介绍中国政府提供的各类奖学金、公派留学机会、回国服务与就业指引,以及学生签证申请与变更、租房注意事项等实用信息。中国驻英大使馆今年计划在英国多所大学陆续举办此类活动。

（新华社记者张建华）

非洲板块

FEIZHOU BANKUAI

永远 是你的依靠｜2016 中国领保纪实

中国驻埃使馆领保工作纪实：
身陷囹圄疑无路 领事保护暖人心

　　"感谢中国驻埃及使馆领事部使我重获自由；感谢祖国使我身在异乡仍能感受到祖国的关心和温暖……"在开罗做生意的沈先生今年6月在给中国驻埃及使馆的一封感谢信中如是写道。

　　时间回到2015年6月12日，中国驻埃及使馆领事部接到沈先生家属的求助电话，反映沈先生在11日晚突遭埃及警方抓扣，原因是其公司原聘用的会计状告沈先生借钱不还，数额高达50万埃及镑（约合37.4万元人民币）。

　　经使馆多方了解，由于语言不通等问题，在埃及做生意的中国商人往往将已签字盖章的空白凭据交给本公司雇佣的会计和律师，以便他们在办事时随时取用。沈先生曾经聘用的会计和律师就是利用这一"漏洞"，合谋伪造了50万埃及镑的假借据，然后诬告沈先生借钱不还。

　　中国驻埃及使馆高度重视此案，驻埃及大使宋爱国多次召集领事部人员研究案情，使馆领事部也在第一时间约见埃及总检察长，请其认真对待案件，确保中国公民合法权益不受侵犯，并探望被关押的沈先生，安抚其情绪，表示使馆将全力帮助其洗清罪名。

当年 7 月 2 日，法庭判决沈先生支付给起诉方 50 万埃及镑，或选择服刑 3 年；起诉方甚至提出，如果想庭下和解，就要支付高达 60 万埃及镑的"和解金"。家属希望继续上诉。

于是，使馆领事部进一步与埃及总检察院沟通，推动再审此案；与此同时，使馆与当地侨团负责人研究后决定，聘请一位经验更为丰富的辩护律师。

新聘律师发现，借据上的落款时间存在疑点，沈先生当时并不在埃及，从而证明借据属他人伪造。由于准备充分，证据有力，法院最终于 8 月 20 日宣判沈先生拖欠借款罪名不成立，无罪释放。

对于使馆在关键时刻提供的援助，沈先生感激不尽。他在感谢信中写道："这件事使我亲身体会到我国驻埃及使馆就是我们的亲人，深切感受到外交官认真负责、耐心体贴的工作态度，更认识到祖国就是我们海外中国人的依靠。"

近年来，随着中国对外交往日益增多，中国公民到埃及旅游、务工，中资企业赴埃及开展商务活动日趋频繁。据中国驻埃及使馆统计，在埃华侨华人、留学生、中资企业员工已达近万人，领保案件数量每年 40 余件，其中有很多类似沈先生遇到的经济纠纷。

中国驻埃及使馆领事部主任郭华龙表示，沈先生一案给所有驻埃中国企业和商人上了一堂法律课，提醒他们在经商活动中只有依法行事，才能规避法律风险。

"中国公民在海外应严格遵守当地和中国有关法律法规。一旦遇到纠纷，必要时应及时联系中国驻当地使领馆请求协助，使领馆会在法律范围内尽最大努力保护中国公民的利益不受侵害，"郭华龙说。

（新华社记者郑凯伦）

漫漫归家路　使馆暖人心

——中国驻埃及使馆救助走失新疆籍儿童

　　"人间至暖，使馆情深"，旅居埃及的中国新疆公民克里木江（化名）和妻子米娜瓦（化名）带着亲手书写的锦旗，于 2016 年 10 月中旬来到中国驻埃及大使馆，衷心感谢使馆帮助他们找回走失的孩子艾克木（化名）。

　　"这面锦旗上的八个金字都是我手写的，等我们回国后，一定再做一面更好的锦旗赠送给使馆。"这对夫妇对中国驻埃及使馆临时代办刘永凤这样说。

　　回忆起前段时间孩子走失时的痛苦，夫妇二人仍然心有余悸。

　　9 月 15 日，14 岁的艾克木与同在埃及学习的 11 岁的新疆籍小伙伴伊孜布（化名）不慎走失。两个孩子来到埃及不久，不仅无法用英语和阿拉伯语沟通，汉语也基本不会，身上没有任何证件。在举目无亲的恐慌中，他们只能在机场附近徘徊，希望能遇到好心的中国人求助。

　　恰在此时，中国留学生马忠（化名）遇到了两个孩子。

"当时我也不知道该怎么办，便立即与埃及中国学生联合会（埃及中国学联）取得联系，把两个孩子带回自己的宿舍临时安置。使馆领事部的工作人员非常关心两个孩子的生活，专门安排学联的干部照顾他们的生活。"马忠说。

中国驻埃及大使馆领事部主任郭华龙回忆起当时寻找失踪孩子父母的情况，仍不禁流露出紧迫感，"使馆领导和使馆领事部全体人员高度重视此事，特别是考虑到两个孩子不会说汉语，身边没有任何证件，更加大了寻找孩子父母的困难。"

"为保证两个孩子的安全，我们特别安排了单独的宿舍给他们居住，并挑选了懂维语的学生照顾生活，帮他们消除恐惧感。与此同时，使馆立即与新疆维吾尔自治区政府有关单位联系，抓紧时间确认两个孩子的身份并寻找其父母。"郭华龙对新华社记者说。

在自治区政府有关方面以及埃及中国学联、旅居埃及的热心维族侨胞的共同努力下，使馆领事部很快联系到了艾克木和伊孜布的父母。其中，伊孜布的父母在中国国内，而艾克木的父母就在开罗。

联系到艾克木的父母后，使馆领导详细询问了他们在埃及的困难以及孩子的基本状况等，进一步确认身份后，将艾克木交给父母。这对新疆夫妇表示，可以帮助照管伊孜布。之后，伊孜布的父母将孩子接回国内。

短短几天时间，艾克木和伊孜布两个家庭经历了孩子失散的恐慌和团聚的欣喜。艾克木是家中唯一的孩子，也是父母全部的希望。"在政府的帮助下，不但找到了走失的孩子，还得到了各方面的关怀和帮助。作为中国人，在海外真真切切感受到祖国的温暖和政府贴心的服务。这个锦旗上面的一笔一画都是我们真诚感谢的心意，我真心祝愿祖国繁荣昌盛。"克里木江说。

刘永凤表示，无论是什么民族，只要是身居海外的中国公民，使馆都将尽全力提供必要的领事服务，保障中国公民的安全和合法权益。

"近年来，随着中埃关系不断发展，越来越多的中国公民来到埃及旅游、留学、工作。对于在海外的所有中国公民，使馆永远是他们可以信赖的家。"郭华龙对新华社记者说。

（新华社记者王雪）

外交为民　西非小国领保也繁忙

　　对于曾经驻过巴基斯坦等国的廖庆生来说，加纳是一个不折不扣的"西非小国"。然而，在中国驻加纳大使馆担任领事部主任的他，甚至连春节假期也一天没闲过。国家虽小，担子却一点也没减轻。

　　来加纳前，老廖是湖北荆门外事侨务旅游局的党组书记，但现在他对记者说："同事开玩笑叫我'讨薪办公室主任'！"这个外号来自今年春节前的一件事。当时，一名姓沙的中国男子扛着大包小包来大使馆"借宿"，一问才知道，这名男子是被一个加纳的老板坑了，打工一年半却一分钱没拿到，还遭老板雇人威胁。老沙万般无奈地说："使馆要不回工资，只好死在这了！"。

　　廖庆生赶忙先安排他住下，了解情况后去找老沙的雇主，找到雇主后才知道双方一开始就没签劳动合同。"那怎么办？于法无据的事儿。我只能动之以情晓之以理。"最后，凭着老廖的"三寸不烂之舌"，雇主终于在大年初一将 1.2 万美元交给了老沙。

　　中国驻加纳大使馆去年处理的一般性领保案件共 98 起，成功处理近海领保大案 3 起。今年当地安全风险加大，各类案件数量猛增，平均每月就要处理 20 多起领保案件，但领事部的编制下仅有廖庆生和曹馨月两个人。

今年 3 月的一个夜里，一名中国商人被劫匪开枪打成重伤。第二天，正发烧 39 摄氏度的廖庆生驱车数小时赶到这名商人所在的医院，当时还不能说话的伤员听说使馆来人看望，眼泪汪汪。很快，使馆为其家属办理了来加纳的落地签证，并协助他转院到医疗条件更好的首都阿克拉。

2016 年 9 月 20 日，中国驻加纳使馆领事部主任廖庆生于使馆领事部大门外。新华社记者石松摄

还有一回，刚刚连续奋战好几天处理了多起领保案件，血压升高的老廖又碰上了中国船员所在船只被海盗劫持的情况。他一边照会加纳海军敦促营救，一边还要和国内 24 小时保持联系。由于时差原因，老廖经常熬夜到凌晨两三点向国内报告进展。"幸亏最后人安然无恙！"

"去年加方 3 次大规模行动抓捕了中国涉嫌非法采金人员 50 多人，我们均妥善处理，"廖庆生介绍说，中国大使馆已建立了与加纳有关部门处理非法采金的联合工作机制，探讨进行联合巡视，通过加强源头治理、协调行动，妥善解决非法采金问题。

中国驻加纳大使馆介绍，现在加纳共有华侨华人 3 万多人。鉴于大使馆人手有限，去年 11 月，大使馆开始建立领事保护联络员制度，共在加纳全国设立了 12 个联络站，聘请 32 家在加中资企业和中资机构作为领保联络员单位，今年 3 月还召开了首届联络员培训班，加大对在加中国公民合法权益的保护力度。

　　"像非法采金者和市场违规经营商户这种'高危'人群，我们通过座谈、走访和发放资料，努力开展宣传教育，敦促他们合法从业，"老廖说，辛苦点不算什么，最重要的还是把工作做到位，"外交为民"。据他介绍，领事部正在编撰的《旅加中国公民指南》即将发布。

（新华社记者林晓蔚）

中国驻津巴布韦使馆建立领保工作网络

　　4月28日，中国驻津巴布韦大使馆建立在津中国公民领事保护与协助工作网络，通过在主要地区设立领事保护联络员，加强对中国企业和公民合法权益的保护。

4月28日，在津巴布韦哈拉雷的中国大使馆，中国驻津大使黄屏（左三）在领保工作网络成立大会上讲话。新华社记者许林贵摄

据了解，成为首批领事保护联络员的 13 名在津中资企业员工或华侨华人，是经侨社推荐、使馆遴选委任的。他们分布在哈拉雷、布拉瓦约、圭鲁、奇诺伊、穆塔雷、宾杜拉和维多利亚瀑布城 7 个中国人和华人相对集中的城市和城镇，自愿参与领保协助工作，为期两年。

根据工作章程，联络员的任务首先是搜集包括所在地区中国公民和企业、当地医院和慈善机构等信息；其次是联络服务，联络员负责将使馆领事提醒等相关资讯向所在地区中国公民和企业通报；第三是应急处置，涉中资企业和中国公民领保事件发生后，联络员在核实信息后第一时间向使馆汇报，在使馆指导下提供翻译、医疗、与执法部门联络等紧急领保协助。

章程规定，使馆将为联络员开展工作提供政策指导、业务配需和必要后勤支持，但他们与使馆无合同聘用关系，不领取薪酬，也没有外交人员特权和豁免权。

中国驻津巴布韦大使黄屏说，随着中津关系不断发展，中津合作进一步扩大，人员往来进一步增多。使馆领保工作网络的建立可更及时有效地为中国公民提供协助，保护他们的合法权益。相信这个工作网络的建立可让使馆更好地为在津华侨华人和中资企业服务。

布拉瓦约的联络员之一过永炜说，他在津巴布韦 18 年，经历过 3 次较严重的危及中国企业和公民合法权益的事件，深感使馆建立领保工作网络非常必要。

据估计，目前在津华侨华人约 1 万人，多数是在津巴布韦 1980 年独立后、尤其是 2000 年后来津的经商务工人士，他们主要从事零售业、制造业和矿产采掘业。当地具有一定规模的中资企业约 100 家，分布在制造、矿产、通信、旅游、建筑和农业等领域。

（新华社记者王悦、许林贵）

满腔热忱为侨民

——中国驻摩洛哥大使馆领保工作二三事

"同胞之情，血浓于水。领事保护工作要突出服务意识，关键在于'保到位，'"中国驻摩洛哥大使孙树忠在使馆领保工作会议上这样强调。2016年初以来，中国驻摩洛哥大使馆以时不我待的紧迫感打造领保快速反应体系，以满腔热忱为同胞提供有效服务和人文关怀，成效卓然。

为了一名中国船员的生命

2016年1月7日，大西洋上风急浪高，上海新海航业有限公司的"新海明珠"散货轮从几内亚起航后驶入摩洛哥海域。此时船上年轻的二副持续发烧，疑似急性疟疾发作，体温骤升至40多度，心跳每分钟高至140下，生命危在旦夕。散货轮随即在卡萨布兰卡港外锚地抛锚，紧急联系中国驻摩使馆领保部门。

凌晨，正在熟睡的使馆综合处处长王锋被手机铃声惊醒。在得知船员病情危重后，王锋二话没说，喊上中国医疗队医生，向大使汇报后立即驱车赶往100公里以外的码头。使馆随即启动应急预案，孙树忠要求

今年8月24日，中国驻摩洛哥大使馆领保工作人员去卡萨布兰卡港为船员提供领保服务，图为卡萨布兰卡港口。

调动一切资源，全力救治船员。船员没有签证不能入境，正常办理签证需要一周，且必须确诊不是恶性传染病之后才能下船治疗，而当时几内亚的埃博拉疫情刚刚宣布结束。

情况危急，王锋迅速与卡萨布兰卡港方取得联系。使馆出具担保函，要求摩方为病危船员签发临时落地签证。被中方救人心切的诚意所打动，港方破例组织海关、边防和检疫三方联检，以最快速度为病危船员办理离船手续。船员上岸被确诊为急性疟疾后，迅速被送往当地专科医院，由于抢救及时，中国船员转危为安。

上海新海航业有限公司在致使馆的感谢信中说："在这次应急事件中，船员们见证了外交官们为救助病危同胞，不辞辛劳，雷霆出击。你们是中国同胞在海外最强有力的依靠、更是危急时刻同胞最亲的人。"

罪犯也享有领保权利

"中国公民在境外犯罪，违反当地法律，被抓收监天经地义，但他们依法也享有领事保护权利，"孙树忠解释说。根据国际法，外国罪犯在当地服刑期间不能受到人格侮辱，饮食居住等应与当地罪犯享有同等待遇。

目前，共 7 名中国籍罪犯被分别关押在摩洛哥的 4 座监狱。由于语言不通等原因，这些特殊的中国公民时常申请领事探视，通过领事向狱方转达他们的诉求。中国驻摩洛哥大使馆没有抛弃这些狱中游子，而是一次又一次向他们伸出温暖的双手。

"多给他们送去一点祖国的温暖，或许可帮助他们悔罪自新，"王锋每次探监回来都会发出这样的感慨。与使馆其他领保外交官一起，王锋多次到访过关押中国公民的 4 座监狱。通过使馆协调，有些中国罪犯的合理诉求已得到满足，比如更换狱舍、改善饮食等。

今年 8 月 24 日，中国驻摩洛哥大使馆综合处主任秦昊（中）、综合处外勤兼领事周鑫元（右一）去卡萨布兰卡港为船员提供领保服务。

构筑领保新体系

从 2016 年起，中国驻摩洛哥大使馆开始倾力打造覆盖全境的领保新体系。1 月，酝酿多时的《中国公民旅居摩洛哥领事指南》问世。除了免费发放的纸质版本，使馆网站上还有可供下载的电子版。《指南》主编、使馆领事李秀华介绍说，该书的最大特点是结合了摩洛哥国情与最新政策变化，可让侨民一目了然，什么是使馆可提供的服务，什么是在当地必须遵守的规矩。

"得让侨民们了解领保的具体内容。只要在领保范围之内，我们一视同仁，有责任、有义务在第一时间作出响应，"孙树忠说，"范围之内的工作，领保外交官必须冲在第一线，不计得失，全力以赴。"

中国驻摩洛哥大使馆位于拉巴特，而中国侨民大多工作生活在其他城市，中国游客青睐的旅游目的地亦多在别处，以前以拉巴特为中心的线状领保模式已不能适应新形势。为健全领保网络，使馆今年依托华人社团、中资企业和医疗队，在卡萨布兰卡、马拉喀什、非斯、阿加迪尔等地聘请领保联络员，这一领保服务网络以拉巴特为中心交叉纵横，基本覆盖摩洛哥全境。使馆还将对聘用的领保联络员进行培训，提升其专业化水平，尽快形成使馆、侨民和联络员之间的高效互动。

孙树忠告诉记者，使馆的《指南》将定期更新，以后还将在微信等公众平台上发布，领保热线电话（008610）12308 或使馆 24 小时值班电话随时都有人负责接听。

（新华社记者蔡施浩）

"我们时刻在那里"

——中国驻摩洛哥大使馆春节连续奋战纪实

灵羊辞旧，金猴闹春。当国内同胞全家团圆喜庆春节之时，中国驻摩洛哥大使馆的外交官们却因为领事保护工作繁忙程度远超平日而在加班加点，连续作战。

大年初一值班，初二到初八一直忙于处理领保突发事件，大使馆的春节过得忙碌而充实。孙树忠大使说："一切为了捍卫同胞的合法权益，职责所在，义不容辞。"

"无人机来袭"

大年初二，正在摩北部山城舍夫沙万出差的中国驻摩大使馆武官李鸿飞突然接到孙树忠电话，被告知当地警方没收了两名中国游客用于拍摄的无人机，中国游客请求使馆帮助索还无人机。

摩洛哥规定在其境内航拍必须获得许可，但禁止携带入境的物品中尚未包括无人机，这次事件的处理无例可循，无论对于中国使馆还是摩方，无人机都是新鲜事物。

舍夫沙万是座蓝白相间的山地小城，吸引着世界各地的游客。李鸿飞首先找到涉事中国游客，确认他们航拍目的无害，只是想让更多中国游客了解小城之美。随后，李鸿飞与当地警方接触并交涉，在中国游客承诺不再航拍后领回了无人机。事后，中国驻摩大使馆决定在官网提醒中国游客勿携带无人机入境。

机场忙捞人

大年初三，中国驻摩大使馆办公室主任王锋接到电话，得知北京游客陈女士在卡萨布兰卡机场被扣。因摩洛哥驻华大使馆签证系统故障，目前旅摩中国游客只能持"另纸签证"入境，这是一种不贴在护照上的纸质入境证明文件，入境期限15天。可是摩边检部门的入境名单上竟然没有陈女士姓名，她被拒入境，只能求助使馆领保。

王锋撂下电话，立即与摩外交部领事司官员交涉，同时上报大使。孙大使致电摩外交部大臣级代表，同时联络内政部相关部门，要求摩方尽快解决程序问题放行中国公民。因深夜无人上班的缘故，摩外交部、内政部、驻华使馆一直没有答复，而陈女士受困机场焦急万分。我大使馆想方设法，先为陈女士送进饮食，然后直接联系摩王室高层，要求摩方解决中国公民持合法签证无法入境的问题。

初四上午，孙大使亲自致电慰问陈女士。12时许，在摩王室强力干预下，受困24小时的陈女士终于获准入境。出机场的一刻，她首先想到的就是致电使馆道谢。

送逝者回家

大年初四，发生了一件不幸的事。来自上海的杨先生及其未婚妻、母亲李女士，还有两位好友共5人组团来摩旅游。谁料29岁的杨先生在撒哈拉沙漠边的旅馆突发心梗猝死，亲友们哭成一团却无人懂当地语言。慌乱中，他们想到了拨打领保电话，请使馆帮忙将遗体运回国。

接到泣不成声的求助电话后，大使馆立即致电距离事发地最近的山东电建，请中资公司派翻译和医生前往事发地协助处理后事。

将中国游客的遗体从摩洛哥内陆运回国手续烦琐、程序复杂，不仅要开死亡证明、身份证明认证，还得进行遗体防腐处理等。虽然当时摩境内频发强对流天气，沿海狂风暴雨，山区暴雪成灾，我使馆仍在第一时间为逝者家属联系上专业运输公司，专门派人安排食宿。2月15日夜，运送逝者的灵车历经20多小时跋涉，终于抵达卡萨布兰卡，准备择机回国返乡。

雪夜急驰援

大年初六，摩洛哥内陆山区普降大雪，气温骤降至零下十几度，7名中国游客驾驶两辆汽车从撒哈拉沙漠返回中部古城非斯时，深夜遭遇大雪封山，车辆陷入雪坑，进退不得，缺衣少食，处境凶险。紧急之中，他们拨打了使馆领保电话。

使馆立即启动响应机制，联系当地警方出动救援，并动员附近中资公司协助。终于，在遇险中国游客几近绝望时，载有棉衣和食物的救援车辆及时赶到。凌晨时分，雪越下越大，但中国游客已经安然脱险，在温暖的居室里给国内报平安。

"今年春节突发事件多，我们急同胞之所急，圆满地履行了领保使命，这年过得很有意义。"孙树忠大使对新华社记者说，"作为中国外交官，我们要为中国公民在海外撑起一片蓝天。"在向祖国亲人拜年的同时，他提醒说："来摩洛哥之前，记住使馆的领保电话，我们时刻在那里。"

（新华社记者蔡施浩、梁音）

让同胞感觉到祖国的温暖
——记中国驻纳米比亚使馆领事保护工作

"你们认真负责的态度，让我倍感亲切，并感受到祖国的温暖。"在纳米比亚自驾游却遭遇歹徒持枪抢劫的中国公民刘某，在顺利出境后发来微信，向帮助过她的中国驻纳使馆领事官员表示感谢。

办案的领事官员回忆说，刘某和她的两名同伴 2016 年 7 月 9 日遭遇抢劫，损失超过 5 万元人民币。见到领事官员时刘某非常着急，她的护照被抢，后续行程难以进行。

领事官员在协助她向纳警方报案、敦促对方尽快破案的同时，告诉她会特事特办。领事官员克服与国内时差问题，快速完成其身份审核和原护照注销，并及时向她核发了旅行证，刘某得以顺利出境。

随着纳米比亚旅游市场在国内的知名度提升，近年来赴纳旅游的中国游客越来越多，证件丢失或被抢现象也逐渐增多。领事官员告诉记者："向使馆报案的只是其中的一部分，还有很多人因不了解领事保护范围和使馆领保电话，往往错过了保护自己权利的机会。"

为了让领事保护常识化、规范化，宣传介绍我领事保护政策，我驻

2016 年 8 月 26 日，我驻纳使馆领保官员在纳米比亚沃尔维斯湾市与中资企业人员就领事保护问题座谈。新华社记者赵牧野摄

2016 年 8 月 15 日，我驻纳使馆举行企业劳资关系与工会关系专题讲座，妥善处理劳资关系、守法经营，能够预防一部分领保事件的发生。新华社记者吴长伟摄

2016 年 8 月 15 日我驻纳使馆举行企业劳资关系与工会关系专题讲座，妥善处理劳资关系、守法经营，能够预防一部分领保事件的发生。新华社记者吴长伟摄

我驻纳使馆官员在纳米比亚首都温得和克同华商就守法经营与领事保护问题召开现场会。新华社记者高磊摄

纳使馆编写了《中国公民旅居纳米比亚手册》（下称《旅居手册》），并组织摘译《纳米比亚劳工法》和《纳米比亚移民控制法》，免费向华侨华人提供。《旅居手册》较为系统地介绍了在纳生活、工作应知常识，内容涵盖签证申办、入境事务、安全须知、保险医疗、领保常识等各类信息，成为在纳华侨华人处理有关问题的重要参考。

近年来，纳米比亚安全形势有所恶化，凶杀、抢劫、强奸等恶性案件高发，华侨华人人身受伤害案件增加，罪犯跨国流窜作案案件难防、难破。同时，纳路况复杂，华侨华人因车祸致伤致死时有发生。对此，我驻纳使馆把确保在纳中国公民人身和财产安全、提高应急处置能力作为领保工作的第一要务，明确值班电话、值班微信职责，完善值班制度，确保值班电话、值班微信畅通。

今年5月14日晚，有中国公民在海滨驶往纳首都的公路上发生车祸，伤势比较严重。使馆得知后立即启动应急机制。办案的领事官员说，"使馆领导对华商出车祸的情况很重视，让我们立即打电话了解情况，同时联系医院"。当两名伤者到达医院后，领事官员又开始与医院方面协调相关救治事宜，一直忙到凌晨。第二天伤者接受手术，领事官员一早就

2016年8月1日，位于纳米比亚首都温得和克的福建商城。华商经营的商城是当地居民喜爱光顾的地方，也是使馆领事保护案件多发场所。新华社记者吴长伟摄

过去慰问，并表示"如果伤者需要回国治疗，使馆会给予帮助"。领事官员的细致入微让在场陪伴的华商们深受感动。事后，他们联名给领事官员发去感谢信，表示华侨华人远离家乡和亲人，大使馆就是祖国、就是亲人。

领事官员在工作中经常要协调多方关系，需要有足够的耐心和负责的态度才能推动领保工作有始有终。2013年，一名蒋姓中国公民乘坐莫桑比克航空班机在纳米比亚境内失事身亡，我使馆克服诸多不利因素，积极同莫桑航空、空难处理公司、遇难者家属以及国内有关单位等多方进行协调，历经两年，经手3任领事官员，共同接力将遇难中国公民遗体运回国内。

领事官员说，"长期以来，我驻纳使馆高度重视领保工作，领保手机24小时有人接听，发生领保案件后，使馆领导第一时间了解情况，指挥领事官员及时处理，并与纳方相关部门保持沟通，进行交涉、照会，敦促纳方重视在纳中国公民和机构的安全"。在纳米比亚生活近20年的侨领黄跃权告诉记者："使馆的领保工作让华侨华人维护了自身合法权益，切切实实感受到了祖国的温暖。"

（新华社记者吴长伟）

"努力撑起华侨华人安全保护伞"

——记中国驻开普敦总领馆领保工作

"侨胞的生命高于一切，维护侨胞的合法权益是我们义不容辞的责任。"中国驻南非开普敦总领事康勇在接受新华社记者采访时反复强调。

据不完全统计，目前南非约有30万华侨华人，分布在南非全国各地。受世界经济低迷的影响，近年来南非经济也出现大幅滑坡，失业人口激增，原本不佳的治安急剧恶化，在南非经商的华侨华人常常成为劫匪的目标。

康勇说，在他上任几个月的时间里，开普敦总领馆领区内连续发生7起华侨华人遭抢劫遇害的案件，引起华侨华人的义愤，也在他们当中造成恐慌。

康勇2015年9月到开普敦履新，上任不久就遭遇了一件让他终生难忘的事。2016年2月6日，开普敦附近的马尔梅斯伯里一名中国公民遭歹徒枪杀，留下妻子和3个未成年的孩子。

康勇与同事第一时间来到遇害同胞家中，慰问安抚家属，了解案情经过，并通过各种渠道与警方沟通，督促警方尽早破案。经过不懈努力，

中国驻开普敦总领事康勇（左一）就东开普省华人商店纵火案做该省省长马苏阿勒的工作。

警方很快将犯罪嫌疑人抓获。

"对日益恶化的治安形势，总领馆必须采取切实措施，加强预防性的领保工作，减少领保事件的发生，"康勇说。

为了及时向侨胞提供有效服务，我驻开普敦总领馆的中国公民领事保护热线电话 24 小时畅通。总领馆常与当地政府官员、议员、警方以及社会知名人士保持联系和沟通，利用各种机会向他们介绍华人在南非的经营活动，以及华人为当地经济发展和民生做出的努力和贡献，呼吁当地政府重视华侨华人在南非工作和生活面临的治安问题，加强相互合作。

总领馆还指导和帮助华侨华人社团在开普敦、曼德拉湾市、北开普省和北开普西海岸建立华人警民中心。这四个中心已成为联系南非警方和华人社团的桥梁，在向当地侨胞提供咨询、协助与保护方面发挥着独特作用。

中国驻开普敦总领事康勇（左二）和副总领事李立蓓（左三）与南非西开普省警察总监及议会警察委员会主席就侨民安全做工作。

"有华人的地方，就有领事保护工作。"康勇与同事经常前往领区各地看望当地侨胞，提醒大家遵守当地法律，合法经商，积极参与慈善活动，树立华人的良好形象。总领馆还编制了一本《旅南侨胞生活经商安全防范指南》手册，指导华侨华人如何防范恶性刑事案件的发生。

在东开普省姆塔塔市通往东伦敦市的公路上，武装抢劫事件频发，当地华侨华人对这段路谈虎色变。今年5月，康勇与同事来到姆塔塔走访侨胞商铺，这让当地侨胞非常感动。

康勇说，搞领保工作，不能有"被遗忘的角落"，这是总领馆的职责所在。他与同事必须要到实地了解情况，不仅是为了看望同胞，也是为了加强与当地政府和警方的联系，争取他们积极配合打击针对华人的犯罪。姆塔塔之行结束后，当地警方加大了打击犯罪的力度，这条"凶险之路"现在安全多了。

中国驻开普敦副总领事李立蓓（右二）和中国驻南非大使馆警务参赞王志刚（右一）在走访开普敦地区的华人商户。

中国驻开普敦总领事馆侨务事务办公室主任张永（右一）在现场办公。

　　"只要是与中国侨民和公民有关的事情，开普敦总领馆的工作人员都是第一时间赶到现场，问寒问暖，协调和督促南非警方和相关部门尽快破案和解决问题。"在南非开普敦和平统一促进会会长胡建华看来，开普敦总领馆想侨民所想，急侨民所急，为侨民真真正正地提供了高质量的领事服务，忠实地履行了"外交为民"的理念。

　　近一段时期以来，开普敦总领馆领区内华侨华人自保自助的意识明显增强，当地政府和警方对华侨华人的安全保护重视程度在增强，这是

中国驻开普敦总领事馆官员和当地华人在参加一次慈善活动后合影。

中国驻开普敦总领事馆邀请警察为中资机构作安全讲座。

康勇上任后最令他高兴的事情，"我们对此感到很欣慰，毕竟努力没有白费"。

康勇说："领保工作没有'终点站'，永远都不能骄傲自满，我们将一如既往地坚持'外交为民'的理念，为广大侨胞做好服务，努力撑起华人安全保护伞。"

（新华社记者高原 ）

网上预约　异地办公

——中国驻约翰内斯堡总领馆惠侨举措受欢迎

　　"能够在本地换新的护照，不仅减少了办理时间，也为我们节省了成本。"南非自由州省布隆方丹市华侨翁先生高兴地说。

　　2016 年 10 月 22 日及 23 日，中国驻约翰内斯堡总领馆工作人员利用周末时间，连续两天分别赴自由州省布隆方丹市及哈里史密斯市，为当地华侨办理领事证件业务。这也是约翰内斯堡总领馆今年第三次在自由州省进行现场办理证件工作。

　　总领馆领侨室主任买欣全说，总领馆今年以来第二次采用网上提前预约进行异地证件办理，11 月底还将再次来到自由州办公，继续采用网约方式，以便年底前逐步实现领区侨胞全面网约办理护照。

　　翁先生在布隆方丹市经营电器及家具批发业务，周一至周五的工作日时间忙得团团转，实在没有时间到约翰内斯堡总领馆去办理证件。网上预约异地办公的举措帮了翁先生大忙。

　　他告诉记者，提前网上预约非常便利，而且能在布隆方丹更换护照，既省去了旅途时间，又避免了因工作日休假而带来的经济损失。

买欣全提醒当地华侨，办理证件业务现在需要提前进行网上预约，如果有不清楚的事项可以登录中国外交部官网，当地同乡会的工作人员也会热心为有需要的华侨提供帮助。

50岁的严先生在距离布隆方丹不远的小镇上经营一家超市，这次来办理补发护照业务。他说，亲戚朋友都生活在布隆方丹，由于语言不通，担心自己开车去约翰内斯堡可能会遇到很多麻烦。

就是考虑到侨胞可能遇到的实际困难，总领馆的工作人员牺牲休息日时间，往返上千公里，为南非侨胞带来实实在在的便利。专门负责中国公民领事证件的刘悦领事表示，为便利自由州省侨胞办理证件，总领馆将继续加大走该省办公的频率，根据侨胞实际需求增加办证地点。

25岁的陈先生也受惠于总领馆的异地办公举措解决了后顾之忧。陈先生在当地经营一家酒店，这次带着两个月大的女儿来申请护照。

10月22日，南非约翰内斯堡总领馆的工作人员在自由州省布隆方丹市为侨民办理新护照。

　　"孩子太小，开车去约翰内斯堡需要五六个小时，实在太麻烦，能在当地办理为一家人免除了很多旅途奔波，"他说。

　　来自福清的卢先生在南非生活近 5 年，他们一家人一大早从离布隆方丹 230 公里的小镇赶过来办理更新护照。他说，在布隆方丹办理换护照业务实在太方便了，开车去约翰内斯堡路途遥远，而且遇到警察还可能因护照遗失遇到不必要的麻烦。在得知他们一家还要当天开车赶回去，现场华侨纷纷表示让他们优先办理。

　　据了解，约翰内斯堡总领馆负责南非豪登省及自由州省华侨的证件办理业务，全年异地办理证件近 400 本，行程近 8000 公里。约有 2 万名华侨在自由州省生活，最远居住地距离约翰内斯堡大约 800 公里。

（新华社记者赵熙）

"做一个善良、愿意帮助别人的人"
——记中国驻约翰内斯堡总领馆领事官员

西装革履，在办公室处理文件，或是在厅堂会见各国政要，这也许是我们对外交官的印象。对于中国驻约翰内斯堡总领馆的领事官员来说，他们的工作场所无处不在，命案现场、重症监护室、国际机场……用他们自己的话说，哪里有同胞的呼声，哪里就有他们的身影。

买欣全，中国驻约翰内斯堡总领馆领侨室主任。10 月 22 日，正值周末，他与 3 名同事放弃休息奔赴南非自由州省布隆方丹市和哈里史密斯市，为当地华侨办理领事证件业务。这是约翰内斯堡总领馆今年第三次在自由州省现场办公。

约翰内斯堡总领馆主要负责生活在南非豪登省和自由州省华侨的证件办理业务。据统计，约两万名华侨在自由州省生活，最远的居住地距约翰内斯堡近 800 公里，总领馆全年异地现场办理证件近 400 本，领事官员奔波行程近 8000 公里。

21 日下午，在赶往布隆方丹市的路上，买欣全不停地打着电话。"因为台风，有 30 多名飞往香港的中国游客滞留在约翰内斯堡国际机场，领侨室还剩下 3 个同事，人手有点紧啊，"买欣全着急地说，"留在约翰内斯堡的陈百鸣及朱力凡领事已经去处理了。"

因为天气原因，每年 8 月以后都会有很多在约翰内斯堡转机飞往香港的中国游客滞留机场，少则几十人，多则上百人。遇到这种情况，总领馆工作人员会第一时间进入机场，帮助他们解决吃住问题，与航空公司沟通安排航班尽早启程。今年这是第一批滞留游客。

"约翰内斯堡的 8 月正好是冬天，晚上机场里气温很低，总领馆有一个专门往机场里运被子和食品的三轮手推车，"朱力凡接受记者采访时说。"另外，8 月开始进入旅游旺季，航空公司座位很紧张，我们甚至坐在航空公司经理办公室里盯着人家的电脑，一有空位，就把我们的游客往里安排。"

21 日晚到 22 日早上，又一起突发事件，买欣全只睡了几个小时。当晚，总领馆接到电话，一名福建籍华侨在约翰内斯堡自家超市里被劫匪开枪击中头部。22 日一大早，领侨室矫磊领事和南非华人警民合作中心常务副主任庄斌官紧急赶到医院，得知这名福建小伙情况非常不乐观。

"尽管我们会给警方施压，但是因为南非破案率较低，不少刑事案件成了悬案，我们现在已经联系到受害者在国内的亲属，并与南非驻上海总领馆交涉尽快办理家属赴南签证。"矫磊对记者说。

22 日傍晚刚抵达酒店，买欣全插着充电宝的手机再次响起，然后便是大家长时间的沉默。他们从电话中得知，庄斌官遭遇车祸不幸遇难。

"斌官是个为人正直、善良，而且热心侨界事业的侨领，他是我们的工作对象、服务对象，私下也是我很好的朋友，无法相信他已经离开了。"买欣全动情地说。

22 日的夜晚，对彻夜未眠的买欣全来说有些漫长。电话铃声不断，他被告知，和庄斌官同车受伤的全非洲中国和平统一促进会会长李新铸需要安排转院治疗，那个被劫匪开枪击中头部的华侨因伤势过重不幸身亡。

23日的现场办公结束后，买欣全在沙发上怎么也睡不着，自言自语地说："能够纪念斌官最好的方式就是做一个好人，做一个为侨界服务的人，一个善良的人，愿意帮助别人的人。"

当晚，在得知滞留机场的中国游客大部分已经启程后，买欣全总算松了一口气。

孟庆星刚参加工作不久就来到南非，一干就是4年，主要负责领侨室领事保护工作，勤奋、好学加上乐于助人，年纪轻轻已是领保工作的"资深人士"，这几年总领馆的重大领保案件他都有参与处理。

"国内都是学的书本知识，哪里知道来到南非后还要跑命案现场，跑重症监护病房，跑殡仪馆，这几年也去过不少危险地方，"小孟说，"就拿自由州省来说，去年到现在发生了好几次暴力骚乱，每次都有10家左右中国商户需要紧急撤离。"

"刚开始我们都胆怯过，不想看到更多伤害、更多悲伤，但领保工作要求我们必须坚强冷静，只有自己内心足够强大，才能帮助那些遇到困难的同胞。"买欣全说完，又拿起下周的工作安排研究起来。

（新华社记者赵熙）

中国驻拉各斯总领馆举行
"拉各斯之声"粉丝见面会

中国驻拉各斯总领事馆 4 月 16 日举行总领馆微信公众号——"拉各斯之声"粉丝见面会，公众号编辑团队同来自领区的中资企业和粉丝代表近 50 人进行互动交流。

谈起创办"拉各斯之声"的初衷，拉各斯总领馆领事谢超介绍说，总领馆在与当地华侨华人交往过程中，感受到他们迫切了解当地情况、获得权威信息的强烈愿望。特别是辖区发生的一些恶性领保案件，多是由于初到尼日利亚的中国公民不熟悉当地法律法规、风俗习惯而造成，如果信息交流充分，那是完全可以避免的。而微信传播渠道广、成本低，成为总领馆传播领区信息的首选。

在听取建议后，中国驻拉各斯总领事刘侃说，微信等新媒体是新生事物，近年来发展迅猛，正深刻改变着信息传播方式、交流方式和人们的生活方式，这是总领馆创立"拉各斯之声"的起因。"拉各斯之声"在今后的运营过程中，将增加信息的知识性、趣味性和可读性，丰富公众号的栏目和内容，增强互动性，提高公众参与度，将微信公众号打造成华侨华人的信息交流平台。

据介绍，"拉各斯之声"是总领馆利用自有信息资源和当地媒体消息源，于2015年3月创办的。公众号坚持每天及时更新，发布权威信息，内容涵盖当地政治、经济、社会、文化等领域，同时播发总领馆活动信息，并有安全提醒。截至2016年4月14日，公众号关注人数达5618人，阅读总数达9.2万人次。

活动中，刘侃向参与近期"拉各斯之声"知识问答活动的活跃粉丝们颁发了纪念品，并与他们合影留念。

（新华社记者张保平）

苏丹中资机构
做好接应我驻南苏丹人员撤离准备

  南苏丹首都朱巴 2016 年 7 月初以来爆发大规模武装冲突，造成数百人死亡。鉴于南苏丹的严峻局势，苏丹中资机构积极应对，全面做好接应南苏丹中方撤离人员的准备。

  冲突发生后，中国驻南苏丹使馆第一时间启动应急机制，要求南苏丹政府采取措施，切实保护我在南苏丹公民的人身和财产安全。中国驻

7 月 13 日，南苏丹冲突首批撤往苏丹中资员工抵达苏丹首都喀土穆。

7月13日，驻苏丹使馆临时代办王毅在苏丹喀土穆国际机场迎接从南苏丹撤离的中国公民。

苏丹大使馆按领事保护要求紧急启动应急预案，照会苏丹外交部和国安局，积极协调帮助中资机构办理相关撤离人员入境手续及机场接应事宜。

7月11日，中国石油尼罗河公司经过多方努力已联系好包机，在获得南苏丹机场方面的许可后，将随时从喀土穆飞赴南苏丹接应首批非生产岗位员工以及部分乙方合作单位的中方人员；山东高速集团在南苏丹两个项目组逾40人将按预案搭乘中石油包机撤离到苏丹首都喀土穆休整，或根据机场航班情况经埃塞俄比亚或肯尼亚回国；中交集团所属的中国港湾在南苏丹承建朱巴国际机场跑道升级改造工程，目前项目接近尾声，喀土穆办事处正积极联系包机尽快接回剩余65名员工。

近年来南苏丹局势动荡。2013年7月，总统基尔解除副总统马沙尔职务。同年12月，朱巴发生激烈武装冲突，总统府指责马沙尔图谋政变，引发基尔和马沙尔两派的长期争斗。2016年7月8日在朱巴爆发的军队内部派系冲突已造成至少278人死亡，其中包括两名中国维和人员。7月11日晚，南苏丹总统基尔、副总统马沙尔分别命令各自的部队停火。

目前，在南苏丹中国公民除维和人员外有约1400人，中国驻南苏丹使馆已要求在南苏丹中国公民做好相应防范措施并保持通讯畅通、储备物资充足，根据当地局势发展，考虑采取包括撤离在内的一系列措施。

（新华社记者李紫恒）

70余名中国人撤离南苏丹
抵达苏丹首都喀土穆

当地时间2016年7月13日下午，71名中国人乘包机离开近日来武装冲突不断的南苏丹首都朱巴，抵达苏丹首都喀土穆。中国驻苏丹大使馆临时代办王毅专程前往机场迎接。

这是南苏丹首都冲突发生后首批撤往苏丹的中国人。据了解，这批撤出人员大多是在南苏丹承建朱巴机场改扩建工程的中方员工，主要来自中交集团旗下的中国港湾工程有限公司，以及配套单位中交第一公路工程局、第二公路工程局、中铁第三设计院。

据介绍，朱巴机场所有商业航班在冲突爆发后都已停航，7月12日以来只有一些货机、少量包机和军用飞机起降。当天的这架属于南苏丹金翼航空公司的包机，于当地时间13日上午从肯尼亚首都内罗毕起飞，经停朱巴，在接到中方人员后立即飞往喀土穆。

冲突爆发后，中国驻苏丹大使馆按领事保护要求紧急启动应急预案，积极协调帮助中资机构办理相关撤离人员入境手续及机场接应事宜。使馆工作人员全程在机场协助并提供必要的领事服务。

中国公民包机撤离。

随机抵达喀土穆的中国港湾工程有限公司东非区域中心副总经理张立忠向记者介绍，冲突发生后，公司所在营地立即启动应急预案，员工按事先制定和演练的流程进入营地内的加固钢板集装箱掩体内避险。冲突双方激战期间，不时有炮弹弹片和子弹落入营地院内，由于处置周全，公司没有人员受伤。

南苏丹首都冲突爆发后，在各方协助下，中国驻南苏丹大使馆在朱巴确定了约9个中国人"临时集结点"，以便安排中国人撤离朱巴，并已对各

中国公民包机撤离。

集结点周边的中国人进行了统计。7 月 12 日晚，已有 70 余名中国人乘两架飞机离开朱巴，抵达肯尼亚首都内罗毕。

近年来，南苏丹局势较为动荡。南苏丹总统基尔领导的部队与效忠副总统马沙尔的部队自 7 月 8 日以来在朱巴持续激烈交火，目前已造成至少 272 人死亡。朱巴国际机场因双方激战一度被关闭。基尔和马沙尔 11 日晚分别命令各自的部队停火。

（新华社记者李紫恒）

一切为了维护侨民的合法权益

——记中国驻赞比亚大使馆领事保护工作

"只要在赞侨胞有领保需求，使馆将尽最大力量维护大家的合法权益。人力虽然有限，但努力不会有限，"中国驻赞比亚大使杨优明在2016年5月中资企业和侨界代表座谈会上如是说。

近年来，随着中国"走出去"战略的实施和中赞关系的深入发展，来赞工作生活的中国公民人数快速上升，由数年前的几百人增长到目前的近2万人。中国驻赞比亚大使馆在任务重、人手少的情况下，积极完善领保处理体系，及时为同胞提供有效服务。

5月5日凌晨，中国驻赞比亚大使馆办公室主任陈志宇接到紧急求助电话，在距离首都卢萨卡100多公里的中央省发生了严重车祸，两名中国同胞伤势严重，生命危在旦夕，需要马上转院到卢萨卡。陈志宇马上启动医疗救援预案，联系中国援赞比亚医疗队、当地医院、侨社等，组织协调转院事宜。凌晨4点，两名重伤员被运送到卢萨卡一家医院，因及时抢救而转危为安。

作为使馆唯一一位领事保护干部，陈志宇还同时承担使馆的办公室、侨社等工作，任职两年多来手机 24 小时开机，随时准备应对交通事故、刑事案件等重大突发领保事件。

大使馆网站上公布的中国公民领事保护电话就是陈志宇的手机号码，它是当地华人的"110"、"120"和"119"。

"职责所在，义不容辞，能够帮到遇到困难的同胞让我很心安，"陈志宇说。

有困难找使馆。在海外华侨华人心目中，大使馆代表了中国政府，是大家的顶梁柱和保护伞。

2016 年 5 月 5 日，陈志宇（上图左二）在医院等待车祸转院伤员。

2015 年，一些同胞被当地移民局关押。大使馆马上联系赞比亚警方、检方，提出交涉，要求切实保护我国公民的合法权益，同时提醒同胞尊俗守法、合规经营、提高安全意识。

"大使馆在国外既没有执法权、也没有司法权，只能提供一个调解平台。但不管有什么样的困难，只要在赞同胞需要，大使馆会在第一时间尽最大努力维护大家的合法权益，"中国驻赞比亚使馆政务参赞陈世杰说。

陈世杰认为，使馆在做好日常领保和应急领保工作的同时，还有很重要的一项工作是预防性领保，做到防患于未然，未雨绸缪。预防性领保包括两个方面：一是采取措施预防、减少领保案件的发生；二是做好各种准备，一旦发生领保事件，能及时有效处理。

"我认为新时期领事保护的重点在于加强预防性领保。要通过各种途径，增强侨民的法律意识和自我保护意识，这样才能减少劳务纠纷、移民事务、财产损失等方面的案件，"陈世杰说。

为此，中国驻赞比亚大使馆通过不定期召开中资机构和华侨华人座谈会、举办领事服务下基层活动、利用大使馆网站发布领事提醒、利用各种场合发布《领事保护和协助指南》等，向在赞同胞介绍当地法律法规。

目前，中国驻赞比亚大使馆先后指导成立了 9 个侨社组织、1 个治安联防组织，指导侨社与警方建立警民联防机制，今年还准备成立医疗救援机构，更新志愿献血者库。

"同胞走到哪里，我们的领事保护就会跟到哪里，"陈世杰说。

（新华社记者彭立军）

北美洲板块

BEIMEIZHOU BANKUAI

"这是我们义不容辞的职责和义务"
——记中国驻加拿大使馆领事保护工作

今年6月初的一天，凌晨两点，中国驻加拿大使馆一等秘书林建新被电话铃声惊醒。他立即从床上跳起来，抓起领事保护24小时值班电话，

中国驻加拿大使馆。新华社记者李保东摄

看见 0086 开头的中国来电，立刻紧张了起来："肯定出事了！"

他的猜测没错。电话来自江苏省的一位女士，她女儿小谢在加拿大读书，因与人发生肢体冲突被判入狱，虽已被释放，但手机、电脑都被警方扣留，家人一直无法与她取得联系。不得已之下，这位母亲求助使馆，希望使馆找到小谢并帮助她回国。

第二天一早，林建新打开电脑，查看这位女士发来的邮件，发现小谢的大学离他所在的渥太华相距 1000 多公里。他马上联系了当地华人协会和小谢所在大学的中国留学生会。对方一听同胞有困难，二话不说，立即热心地帮忙四处寻找。

最后，小谢在当地收容所被找到。由于受到刺激，小谢不愿与他人沟通。当地华人社团历经诸多周折，才在一个多月后帮助她登机回国。事后，小谢家人特地给使馆和侨领发来感谢邮件。

"这一类的寻亲问题算是比较简单的领事保护案例。"对从事多年领事保护工作的林建新来说，半夜接到求助电话、夜间外出办公已是家常便饭。有时，一个求助还没处理完，又接到了新的求助。一开始，他的精神压力很大，现在已慢慢适应。家人也从开始的抱怨到现在逐渐理解并支持他的工作。

据林建新介绍，许多中国同胞独自在加拿大留学生活，一旦遇到突发事件，无助之际，他们本人或家人首先想到的就是我驻加使领馆。

中国驻加拿大使馆工作人员正在工作。新华社记者李保东摄

还有一次，林建

新接到国内电话，称其家人小静在渥太华工作，因精神问题被当地警方送进医院治疗，目前无法联系上小静，心急如焚，希望使馆帮忙找到她。

通过小静家人提供的有限信息，林建新一个医院接一个医院地拨打电话，最终在渥太华市民医院找到了小静。她正在该院的精神科接受治疗，病情不算严重，但拒绝遵循医嘱服药。医院希望使馆协助说服小静配合治疗并提供其家人的电话，以方便医生与小静家人沟通。

中国驻加拿大大使罗照辉听说后，指示林建新尽快去医院看望一下小静。当天下午，林建新偕和另一名同事来到医院探访小静。小静见到他们就像见到亲人一样，喜悦之情溢于言表。为减少陌生感，林建新解下领带，以邻家大哥的口吻与她聊天，使她放松。临走前，林建新叮嘱她要配合医生，正常服药，尽早出院，并保证再过几天还会来看她。

此后几天，林建新时不时地打个电话给医生和小静，一是了解病情，二是为了疏解小静的精神压力。同时，他还不断地通过邮件和短信向小静的家人告知她的病情，让他们放心。

林建新第二次去医院看小静时，她的精神状态已大幅好转。一个月后，医院通知使馆：小静已基本康复并办理了出院手续。不久，林建新的手机收到了小静的短信："谢谢大使馆的关心和帮助！"

"中国人在加拿大有事，只要是在使领馆的职能范围内，我们一定会全力以赴去帮助他们，这是我们义不容辞的职责和义务。"林建新说。

（新华社记者李保东）

义重如山

——记我驻加拿大使馆对一位无名亡者的领事服务

2016 年夏天，中国驻加拿大使馆收到一位香港同胞家属寄来的感谢信，由衷感谢大使馆无私帮助安葬其在加拿大去世亲人的义举。

这事要从 2015 年 11 月下旬的一天说起，中国驻加使馆领事部一等秘书林建新突然接到渥太华一家殡仪馆的电话，被告知馆内停放着一具疑似中国公民的遗体，请使馆协助辨认。一场围绕无名亡者的领事服务工作由此展开。

殡仪馆记录显示，死者是渥太华一家收容所的被收容人员，3 周前因病去世。涉及死者的个人信息只有英文字母 WONG、年龄和死因等。由于一直未能找到其亲属，收容所只好试着联系中国使馆，看看能否确定死者身份、国籍并联系其家人。

由于死者遗体不能存放太久，殡仪馆希望使馆尽快查找。如找不到亲属，他们将视为无主尸体自行处理。根据死者姓名拼写，林建新判断死者可能来自香港或广东，但尚不能最后确认。使馆领导十分重视此事，要求领事部尽快查明死者身份，妥善处理善后。

林建新立即与收容所进一步联系，了解到死者几年前因重病被送入当地收容所，直至近日去世。死者除部分衣物外，无任何其他个人物品，也没有留下身份证件及照片等。如何尽快查到死者身份线索并确定其是否拥有中国国籍，是摆在驻加使馆面前的一道难题。如果死者没有中国国籍，中国使馆无权介入。

中国驻加拿大使馆领事处部分工作人员。新华社记者李保东摄

此时，领事部的同事们凭日常工作经验想出了一个好主意，即试着根据殡仪馆、收容所提供的简

中国驻加拿大使馆领事处工作人员在研究问题。新华社记者李保东摄

单信息查找使馆的护照数据库，看看死者生前是否曾向使馆申请过证件。

果然，领事们发现，使馆4年前曾为一名与死者姓名相似、出生年份相近的香港居民签发过香港特区护照。之后，使馆又请收容所对死者本人相貌与护照照片比对，最终确认了死者确系香港特区护照持有人。

死者身份和国籍确定了，但如何联系死者亲属却仍无一丝线索。死者生前在申请护照时并未留下其国内亲属的信息。如何找到其国内亲人成了下一个难题。

于是，使馆第二天又紧急联系香港特区入境事务处协查，同时也发动渥太华部分华人社团参与查找。很快，曾经帮助过死者的渥太华华人社区服务中心送来了死者生前申请移民的部分文件。香港特区入境事务处也迅速、明确地给予反馈：死者是香港居民，保留着中国国籍，在香港仍有年迈的母亲和几位亲属。入境处已和死者的一位姐姐取得联系，但她因家庭困难和健康原因无法来加拿大，其他几位亲属又早已失去联络，因此希望委托使馆全权处理善后事宜。

为了让死者尽快入土为安，随后几天，林建新多次与殡仪馆联系，确定处理遗体的费用、方式、时间以及安葬地点等。一周后，死者遗体以掩埋的方式安葬在当地一座墓地内，费用全部由当地一家社会救助基金承担。

死者安葬后，新的问题又来了：如何办理死亡证书并送交死者家属。

经了解，死者家人或其授权人可通过网上申请死亡证书。但由于死者家人年龄较大，不会英文，不会使用互联网及网上付费等原因，家属只得再次全权授权使馆办理死亡证书。林建新于是又开始了长达 6 个多月烦琐、冗长的办理手续。最终，考虑到死者特殊的家庭状况，大使馆报销了本应由家属支付的各种费用。

"人死为大，入土为安"是中华民族的传统，驻加使馆对亡者的领事服务体现了对死者最大的尊敬。

（新华社记者李保东）

中国同胞赴加拿大须强化安全意识

2016 年以来，中国驻温哥华总领馆多次提醒：来加拿大温哥华旅行、探亲和留学的中国公民，一定要时刻上紧安全保护这根弦。

中国驻温哥华总领馆负责领务的郑领事说，从他处理的不少事件或事故来看，树立安全意识，防止意外发生，是出国人员在跨出国门时就必须牢牢记住的。

郑领事说，防范风险意识淡漠，安全意识不强，对当地风俗习惯、法律法规不了解，出入境携带超额现金或违禁品，是出游或出境的中国人容易发生的问题，需要特别注意。他说，不少中国游客出游时都没有购买医疗保险意识，而一旦遇上交通事故，就会遭遇到很多麻烦。

郑领事表示，总领馆处理中国公民在海外发生的各种事故和危机，是责任范围内的事情，责无旁贷，但从个人角度上说，他希望到国外来旅游、学习的中国人都平安无事。

因此，郑领事建议，家长在把中小学生送到国外留学时要慎重，不要以为找到寄宿家庭和看护人就万事大吉。即便是加拿大这样的发达国家，由于司法体系不一样，处理法律纠纷仍费时费力，而当事人也会遭受人身或财产损失。

中国驻温哥华总领事刘菲指出，中国政府高度重视保护海外中国公民的人身财产安全与合法权益。不管是短期还是长期在海外，安全出行应该始终放在第一位。

刘菲建议，来温哥华旅行的同胞们出国前可先查阅"中国领事服务网"和《中国领事保护与协助指南》，遇到危险情况应及时报警，并与中国驻温哥华总领馆联系。

刘菲强调，如果对加拿大的各种情况有更多了解，具备安全防范意识，许多案件是可以通过事先预防，从而避免的。

最近几年，到加拿大留学的人数不断增多，年龄日益偏小，自我保护意识薄弱，易于发生各类领保案件。据统计，从 2015 年 3 月到 2016 年 2 月，加拿大共发生了十多起中国留学生死亡事件，其中包括交通事故、溺亡和心脏病突发等状况。

（新华社记者江亚平）

路远情牵　我们是祖国的窗口

——中国在美领事工作微镜头

5月中旬，美国西部。犹他州盐湖城阳光灼人，怀俄明州拉勒米风雨雪雹。

自东向西，中国驻美大使馆领事官员每年候鸟一般从华盛顿来到这里，现场受理中国公民护照、旅行证换、颁发及领取养老金资格审核表的申请，开展预防性领事保护工作。

"大家见我们困难，我们来见大家"

安静的周末，犹他大学一栋教学楼格外热闹。同胞扶老携幼而来，挤满走廊和宽敞的大教室。

其中一间教室尽头，三张课桌一字排开，樊玥领事和袁林、王博两位领事助理流水作业，为犹他州中国公民现场办证。审核材料、采集指纹、现场拍照、交代事项……他们身后，五星红旗鲜艳夺目。

国际通例，凡申请护照换、补发、延期或旅行证，领事官员须与申请人见面一次。但盐湖城到华盛顿飞行距离约3600公里，拉勒米更加偏远。长途劳顿不说，一家人往返机票加酒店住宿，费用可观。

"大家见我们困难，我们来见大家，"中国领事官员笑语殷殷。在华盛顿的中国驻美大使馆负责 15 个州和华盛顿特区领事工作，几乎每个月都利用周末和节假日到路途较远的州现场办证，因为人手少，回来照常上班，没有倒休。

"很感激，给我们解决了很大问题，"一位带着 3 个孩子的母亲说。

"大使馆的工作人员很热心、耐心及负责，很赞！"犹他州华人微信群里，有同胞办理护照后感叹。

陪中国妻子前来办证的美国人穆杜罗说，中国外交官"非常专业"。

从早上 8 时起，三位领事人员连续工作近 10 个小时，接待 202 人次，其中约 180 人通过材料初审，证件受理量创新高。

樊玥忙得中午没顾上吃一口饭。她在朋友圈里写道："虽然肚子

5 月 14 日，在美国犹他州盐湖城，中国驻美大使馆副总领事李民给前来办证的申请人介绍情况。新华社记者殷博古摄

5 月 14 日，在美国犹他州盐湖城，中国驻美大使馆领事官员给申请人办证。新华社记者殷博古摄

饿瘪了，但是看到大家，特别是老人和孩子们满意离开的背影，我们心里甜。"

留学生妈妈一夜打来 37 个电话

离国万里，护照丢失怎么办？遭遇车祸怎么办？出入境受阻怎么办？受到不公正对待怎么办？领事官员能为中国公民做什么？什么不能做？……

从盐湖城到拉勒米，利用办证同胞等候时间，使馆领事保护官员周冠婷一路宣讲领保知识。拉勒米海拔 2000 多米，她身体不适，脸色蜡黄，仍坚持讲解和接受现场咨询。

这位身材纤细的姑娘，做事有股韧劲。领保案件五花八门，处理交涉费时费力，很多电话都是半夜三更打来，而自从手机变成领保电话后，她把音量调到最高放在搪瓷盖上，生怕叫不醒深夜熟睡的自己。

夜半铃声响过多少回，周冠婷说不清。曾经，她一夜接到一位母亲从国内打来的37通电话，说自己念研究生的儿子到美国第二天就失踪。当她设法联络到这位留学生，才得知儿子觉得妈妈太过操心，当天没和家里联系。

美国华侨华人多，近年来人员交往更加密切。使馆数据显示，去年中美人员往来人次475万，大陆赴美旅游人次300万，赴美中国留学生31万。平均一名中国领事保护官员，需要面对大约20万在美中国公民的领保需求。从钓鱼执法、月子中心到未成年留学生虐待同学入刑案，中国在美领保服务日益繁重，深受关注。

很多中国公民对美国法律法规不了解，不能入乡随俗，需要领保官员下大力气做好预防性领事保护工作，增加他们的思想准备。突发意外往往发生在犹他和怀俄明这样旅游景点集中的偏远州，前期处置尤其需要依靠各地侨领协助。带队的李民副总领事这样告诉新华社记者。

一路行来，李民带着领保官员走访警察局、交通局、旅游局、州议会及侨界，请警方介绍紧急事件处理程序，听交通官员总结在美驾驶注意事项，征求对中国游客在当地旅游的意见建议，向盐湖城中文学校赠送教具、益智玩具等礼物，多方建立机制化、常态化联系……

领保、证件、侨务，三驾马车，互为资源。"要想有事能立刻找到人，就得把工作做到前面。挖空心思，不遗余力，"李民说。

定居犹他州32年的中国教授乐桃文全程陪同。他说，中国领事官员接地气、能吃苦，让他十分感动。"于细微处见精神，这种精神，如果没有近距离接触是感受不到的。"

5月14日，在美国犹他州盐湖城，中国驻美大使馆领事官员给申请人办证。新华社记者殷博古摄

"不希望领保工作更多，因为不希望中国公民出事；但希望领保工作更好，在发生意外的时刻，让中国公民第一时间感到，祖国在身边，"李民诚挚地说。

中国使馆签证大厅的"福"字

如果说外州现场办证是中国在美领事工作"流动的窗口"，位于华盛顿特区威斯康星大道的中国使馆签证大厅，就是恒定的风景线。

用驻美大使崔天凯的话说，这里是"集中体现我对外形象和风范的窗口，是实时洞悉中美人员往来动态的窗口，更是积极推进海外民生工程的窗口"。

2015年，驻美国使领馆为927107名外籍人士办理赴华签证，办理中国公民护照、旅行证、公证、认证、健在证明等领事证件242968份，妥善处置领保案件 3300 余件。

"证件工作就是基础工作,与每个人的生活息息相关……人们总想得到更高更快更优质的服务,我们也要顺应大家的需求,下大力气克服困难,"领事部签证组组长李霞说。

中国驻美国使馆签证组现有 7 名领事、5 名雇员、七八名领事助理,高峰期每天需要处理上千份证件申请。人手虽有限,但他们一直坚持"做好加法和减法"。

加什么?增加使领馆的服务:从电子护照、网上预约到发放改善领事服务的调查问卷、推送《中国公民旅居美国手册》等安全常识,不断加快内部流程、增设服务项目、加强信息化调研……

减什么?减少申请人的麻烦:精简非必须材料和手续,减少申请人等待时间,尽量缩短办证周期。为此,领事工作人员总是提前到岗做准备、中午轮流吃饭保证窗口一直有人,还经常为办完所有申请而延长下班时间。

一位 90 多岁老人前来办理证件,领事马上放下手头工作,与办事人员交代,几分钟内为他办理完毕。

一名在沪美国女子突然脑出血住院。正值周末,她妈妈辗转打通使馆电话,领事人员专门赶到大厅为她办理签证,使她得以立即前往上海飞往女儿身边。

签证大厅的窗口,展现的是中国形象、中国服务。"每件小事都体现依法执政水平、体现人性化水平。我们始终在努力,始终在路上,"李霞说。

华盛顿到犹他和怀俄明很远,大洋彼岸的中国到美国更远。但跨越千山万水,血脉相通的地方,情义就相牵相连。

"我们的公民走到哪里,我们的领事服务工作就要跟到哪里,陪伴他们一路前行，"崔天凯大使说。

　　签证大厅的一根根圆柱上，张贴着领事官员亲手书写的"福"字，纸红墨浓，寄托着他们对所有在美公民生活平安的祝愿。

　　　　　　　　　　　　　　　　　　（新华社记者徐剑梅）

游子足迹所到之处
慈母保护如影随形
——记中国驻美国旧金山总领馆领保工作

　　作为中国驻美国旧金山总领馆的专职领保工作人员，彭怿牧领事的工作手机号码就是总领馆对外领事保护热线。他时刻把手机带在身边，因为这条热线给处于危难、困境中的中国公民带来温暖与希望。近日，彭怿牧向新华社记者分享了由这部手机开启的难忘一天。

　　6月8日，凌晨3点多，彭怿牧在睡梦中被一阵手机铃声惊醒。一名中国留学生的家长自北京打来电话说，她的孩子在华盛顿州一个偏远山区滑雪时落入瀑布失踪，当地警方调用直升机搜救无果，因现场地形险要而中断了搜寻行动。这名家长希望总领馆协助与警方沟通后续搜寻事宜，并协助家属办理赴美签证。

　　早已习惯每天24小时随时待命，彭怿牧由此开始忙碌的一天。他听闻情况后，对心急如焚的孩子家长给予安抚。当天上午，彭怿牧致电警方，确认失踪学生的状况和中国公民身份；致电学生家长，详细指导如何去美国驻华大使馆办理紧急赴美签证；致函美驻华使馆，希望美方

中国驻旧金山总领馆彭怿牧领事在处理领保案件期间与调查案件的美国警察合影。

协助学生家长尽快办理赴美签证。

除此之外，从当天上午至下午，领保热线不时响起，彭怿牧又接报几起案件。比如，一名中国游客在拉斯维加斯突发脑溢血住院治疗；一名中国游客在旧金山游览中不慎从旅游团中掉队，既不知领队联系方式，也不知下榻酒店叫什么，走投无路求助于总领馆；加利福尼亚大学戴维斯分校一名中国留学生失联。

对此，彭怿牧有条不紊地一一作了处理。他联系总领馆在拉斯维加斯的领保联络员前往探视脑溢血患者；提示掉团游客辗转查明下榻酒店，并开车把她送到酒店；根据失联学生情况和自身工作经验，建议报案去查询失联学生下落。

中国驻旧金山总领馆工作人员尽心尽责为在美中国公民提供各种领事保护与协助，从中可见一斑。

　　驻旧金山总领馆辖区覆盖 4 个半州，是中国公民赴美旅游、留学和从事商务活动的热门之地。分管领保工作的中国驻旧金山总领馆副总领事查立友说，领区内仅中国留学生就有约 4 万人，中国访客每年上百万，还有大量中资机构等。中国政府始终把每一位海外中国同胞的安危冷暖放在心头，对保护海外中国公民的利益和权益非常重视。总领馆要把国家的关怀落到实处，深感领保工作意义重要、责任重大。

　　领保工作十分繁杂而琐碎，往往是急事、难事，涉及人身安全、健康等切实利益。总领馆侨务一组组长谭大有介绍，总领馆接报的领保协助案件主要包括财物盗抢、证件遗失、交通意外事故、失踪失联、突发疾病、入出境受阻等。

　　为同胞排忧解难，总领馆工作人员从日夜值守、快速反应，到处置案件善始善终，再到尽量满足当事人或其家属诉求，倾注了无数精力、心血和关怀。中国驻旧金山总领事罗林泉说，总领馆高度重视领事保护与协助工作，采取切实措施，努力打造海外民生工程，真诚服务领区中国公民和企业机构，切实维护他们的合法权益。

7 月 28 日，中美旅游年旅游合作和旅行安全座谈会在中国驻旧金山总领馆举行，美方旅游业、执法部门人士参加。

中国驻旧金山总领馆副总领事邓繁华（左一）在处理领保案件时与调查案件的美国警察合影。

据了解，去年，总领馆处理各类涉及中国公民领保协助案件 300 余起，其中，涉及中国公民非正常死亡案件 20 起，财物盗抢、证件遗失案件 120 余起，各类涉留学生案件 70 余起。今年上半年，总领馆处理的各类涉中国公民领保协助案件已约 130 起。

今年是"中美旅游年"，赴美中国公民数量呈猛增态势。罗林泉感到总领馆承担的海外维权任务之重前所未有。他表示："我们将继续本着'外交为民'的宗旨，尽心竭力做好领事保护工作，为领区中国同胞撑起一把越来越牢固的保护伞。'中国脚步'走到哪里，'中国保护'就会跟到哪里。"

（新华社记者马丹）

坚持领事保护与服务的"全覆盖"

——访中国驻休斯敦总领事李强民

"领事保护与服务工作的宗旨是践行外交为民的理念，为民解忧，为民办事，为民谋利，切实维护中国公民和机构在海外安全与合法权益，努力打造海外民生工程，"中国驻休斯敦总领事李强民日前在接受新华社记者专访时如是说。

李强民说，近两年，驻休斯敦总领馆着力加强领事保护与服务的作风建设，坚持问题导向，注重人性化、科学化的工作安排，不断提高服务质量，使领区侨胞感受到祖（籍）国的关怀与温暖，也赢得他们的赞扬与首肯。

总领馆克服困难，做好领事保护 24 小时应急电话值守工作，始终以高度的责任心接听和解决每一个电话求助。李强民说："这部应急电话，不仅是每一名来到美南地区的中国公民手机上自动接收到的一个号码，更是连接海外同胞与总领馆、与祖国之间的一条'生命线'。"

同时，总领馆努力实现领事保护与服务的"全覆盖"。休斯敦总领

2016年5月13日，美国得克萨斯州休斯敦市，中国驻休斯敦总领事李强民（前右）走访休斯敦中国城警察局，向警局赠送《中国领事保护和协助指南》，请警方加强对当地中国公民安全保护。

馆领区含美国南部八个州及海外领地波多黎各，领区总面积约 67 万平方英里（约合 174 万平方公里），华侨华人近 90 万，留学生 6 万多人。休斯敦领区中国公民数量在驻美各总领馆领区中不是最多的，却是增长最快的。

李强民说："近两年，总领馆特别强调领事服务的'全覆盖'，通过对领区的走访，拉近了侨胞对祖（籍）国的感情，也看到了各地侨胞、留学生和中资企业人员良好的精神面貌。"

李强民同时强调，总领馆按照国内指示，结合领区实际，在领事保护与协助工作中坚持一手抓预防性领事保护，一手抓应急处置。"两年来，我们先后开展了'美南驿站'领事保护系列讲座，邀请当地警官、律师等专业人士举行安全讲座；支持大休斯敦华人社团每年举办'警

2016年6月18日，美国得克萨斯州休斯敦市，中国驻休斯敦副总领事赵宇敏（左三）率领证件组工作人员到休斯敦中国人活动中心为侨胞办理《在境外居住人员领取养老金资格审核表》，即"健在证明"。

民联欢'；同警察等强力部门加强联系，就涉及中国公民安全问题开展协调协作。"此外，每年8、9月开学季，休斯敦总领馆都分赴各州留学生集中的地方，举办安全系列讲座，对帮助新生尽快适应环境、确保安全有很大帮助。

2016年5月，针对休斯敦中国城地区盗抢案件多发的情况，李强民率总领馆一行赴中国城警察局，表达总领馆关切。美方人员表示，中国总领事亲自到访该警察局，体现了中国对海外公民安全的高度关心和中国负责任大国的形象。

李强民介绍说，总领馆每年处理约600件领事保护和协助案件，大到不久前的佛罗里达奥兰多枪击事件，小到一次法律咨询。面对各种求助，总领馆始终以维护同胞切身利益为目标，坚持依法办事、热心服务。

谈到对未来领保及服务工作的计划，李强民表示，休斯敦总领馆将按照"以侨为桥，预防为先，推进构建大领保格局"思路，充分发挥侨胞作用，着力加强预防性领事保护工作、加强风险预警和安全教育工作，动员领区华人团体、高校、警方、律师机构、专业咨询机构等各方面力量，共同参与预防性领事保护和应急处置工作，全面提高我在美南地区领事保护与服务能力。

（新华社记者张永兴）

最大限度维护领区内中国公民权益

——记中国驻美国芝加哥总领事馆领保工作

"中国领保人员是我的救命恩人，我一辈子都要感谢他们，"正在美国中西部密歇根州一家康复中心进行康复治疗的中国留学生罗拉（化名）日前对记者说。

2015年10月，罗拉在美国遭遇严重车祸，脊椎骨多处断裂。罗拉的母亲告诉记者，得知女儿出事的消息心急如焚，但美国驻华使馆当时放假。等美国使馆上班后赶紧去办赴美签证，没想到一进美国使馆就有人给加急办理，两天后就飞抵芝加哥，以最快的速度见到女儿。

罗拉的母亲不知道的是，中国驻芝加哥总领事馆的工作人员一直在为她女儿的事忙碌。驻芝加哥总领事馆侨务组领事张忠华告诉记者，车祸发生后，总领馆紧急与国内有关部门和美国驻华使馆联系，请求帮助加急办理罗拉亲属赴美证件，同时派工作小组前往车祸现场，处理有关后续事宜。

今年6月，艾奥瓦州立大学一所学生公寓突发大火，当时有30多名中国留学生住在那里。中国驻芝加哥总领馆侨务组长卢晓晖和同事赶

中国驻芝加哥总领馆侨务组长卢晓晖（右）同总领馆领事薛亮（左）在工作。

到火灾现场，他们了解到有 10 名留学生的护照在大火中遭到不同程度的损毁。根据补办证件的相关规定，证照持有人须前往 600 公里外的中国驻芝加哥总领事馆申办。考虑到学生当时的特殊情况，卢晓晖和同事第一时间为这些学生登记并提供补办证件材料。

驻芝加哥总领事馆领区包括美国中西部的伊利诺伊、艾奥瓦、印第安纳、堪萨斯、科罗拉多、密歇根等 9 个州。张忠华告诉记者，领区目前有约 7 万名中国留学生，每年接到涉及留学生的安全案件 200 余件，中国留学生在美遇到的问题并非像某些媒体描述的那样严重，"但对每个案件我们都非常重视，都会全力去办好"。

张忠华说，芝加哥领事保护热线每天都能接到 10 来个电话。"每次电话一响，我们立即行动，一方面向总领事汇报，一方面联系国内外有关方面。总领馆侨务组、教育组和商务组等部门紧密协作，第一时间把党和政府的关爱送到在美遭遇困难的中国同胞身边。"

张忠华告诉记者，领事保护工作人员在国外面临着各种困难，时差更是问题。

"从国内打来的电话往往是在深夜。一个电话过来，就再也睡不着了。当事人肯定着急，我们也非常着急，精神始终高度紧张。遇到伤亡事件时，我们都会很压抑，有时也控制不住自己的情绪。但我们要克制，安抚家属。我们总是想着最大限度地维护领区内中国公民的权益，让他们感受到，有总领馆的帮助，事情能顺利处理。"

"通过两年的工作，我更有耐心也更有爱心。生活都不容易，尤其在异国他乡，在最困难的时候帮了别人，对自己来讲也是自我价值的实现。"张忠华说。

（新华社记者何险峰、徐静）

为海外中国学子保驾护航
——记中国驻纽约总领馆领事保护工作

2016年7月5日凌晨4点，中国驻纽约总领事馆接到外交部的紧急电话：在美国匹兹堡留学的中国学生王某受到枪伤，身在国内的家人希望得到总领馆的帮助。

这个电话是纽约总领馆多年来领事保护工作的一个缩影。地处美国东部，纽约总领馆辖区范围内的旅游和教育资源丰富，随着近年来中国游客和留学生数量日益增多，相关领事保护案件也越来越多。

7月6日，在美国匹兹堡市警察局，中国驻纽约总领事馆张少华领事（中左）和马超领事（中右）与负责中国学生受伤案件的警官进行领事交涉，了解案件进展和赔偿机制。新华社记者李铭摄

　　"总领馆一年处理数百起领保案件。只要有中国公民遇到困难向我们求助，我们都会及时伸出援手，"领事马超对记者说。

　　与之前无数的日夜相似，总领馆的工作人员在接到电话后立刻启动应急程序。凌晨 6 点不到，马超与受伤学生的母亲通了电话，进一步了解事件过程；早上 9 点，他又联系上学生本人，随后订了当天下午飞往匹兹堡的机票。

　　在接下来的 24 个小时里，马超和他的同事张少华马不停蹄：赶到医院看望受伤学生，随后前往当地警察局与警方谈话，还去受伤学生所在学校与老师和学生代表交谈，确保该生今后的学业和生活能顺利进行。

　　据了解，受伤学生 7 月 4 日晚在匹兹堡市中心观看烟花表演，散场时被流弹击中，手术后已脱离危险。"我们向警方提出交涉，了解该案件的进展和赔偿机制，也向他们表达希望对中国学生提供必要安全保护

7 月 6 日，在美国匹兹堡市警察局，中国驻纽约总领事馆张少华领事（中左）和马超领事（中右）与负责中国学生受伤案件的警官进行领事交涉，了解案件进展和赔偿机制。新华社记者李铭摄

的诉求，"马超说。

6日晚，受伤学生的家长从国内赶到了匹兹堡。在机场，这位来自上海的母亲看到专程赶来的两位领事，一下子哽咽了，"听到女儿受伤的消息，我懵掉了。领事们在第一时间联系我们，安慰我们，给我们提供了这么多的帮助"。

7月6日，在美国匹兹堡，中国驻纽约总领事馆张少华领事（右二）和马超领事（右一）在受伤学生所在学校与国际学生办公室的老师座谈。新华社记者李铭摄

"感谢我们的领馆，我们的留学生在这里读书，政府就是最强大的后盾，这次我是真真切切感受到了，"她说。

马超说，近年来，涉及留学生的领保案件

7月6日，在美国匹兹堡，中国驻纽约总领事馆马超领事（中）和张少华领事（左二）在匹兹堡机场向从国内赶来的受伤学生家人介绍情况。新华社记者李铭摄

呈现出三个新趋势：一是案件总量越来越大，几乎占到所有领保案件总数的一半；二是涉及人员伤亡的重大案件越来越多；三是涉案学生的年龄越来越小。

为了防范于未然，纽约总领馆近年来针对留学生群体还开展了多项安全教育宣传活动。一方面，总领馆开展了"领保进校园"的宣讲活动，与校方、警察局等部门合作，对来自中国的新生进行安全教育。另一方面，总领馆还把就读于纽约市高校的一些留学生请进总领馆，宣讲领保知识和相关案例，并邀请当地律师讲解留学生相关法律法规。

此外，面对这些 90 后留学生，总领馆采用了与时俱进的安全教育方式，创建了微信公共号，推送安全留学提醒、奖学金申请通知等留学生比较关注的消息。

张少华领事表示，希望通过这些活动向学生传达"平安留学、健康留学、成功留学"的理念，同时也希望留学生来到新的陌生环境后，要尽快熟悉当地的法律法规，尽快适应当地的生活方式。

张少华说："留学生的安全工作是政府和学生家长都十分关注的，非常重要，今后几年我们会把这项工作作为重点继续做好。"

（新华社记者李铭）

领事保护零时差
——中国驻洛杉矶总领事馆积极开展领保工作

在中国常设海外的驻外使领馆中，美国西海岸的洛杉矶总领事馆有个特别之处：它的领区范围最广、跨度最大，辖区既跨越南北半球、又横亘东西半球，从美属萨摩亚到北马里亚纳群岛联邦的时差足有 21 个小时。

"中国公民走到哪里，我们的领保服务就覆盖到哪里，"驻洛杉矶总领馆领侨组领事周咏梅对记者说。对于这里的领保工作人员来说，这意味着在突发事件发生后，他们时常要经历长时间的奔波才能抵达事发地。

总领馆驻地洛杉矶距离夏威夷群岛超过 4000 公里。如果前往更远的塞班或美属萨摩亚，还需经夏威夷中转，仅飞行时间就超过 10 小时。

不久前，5 名中国公民在夏威夷自驾游途中发生严重车祸，1 人死亡，2 人重伤。事发后，驻洛杉矶总领馆两位领事立刻出发，经过近 6 小时长途飞行后到达事发地，之后马不停蹄地去看望伤员、安排救治，并积极协调一系列后续事宜。

中国驻洛杉矶总领馆举办留学生奖学金颁奖仪式。

周咏梅说，尽管要面临时差颠倒、转机的波折，但只要有需要，领馆工作人员都会克服困难，把领保服务开展到那些远离大陆的地区。

当同胞身处海外孤立无援时，拨打领保电话往往是他们的第一应急方式。每年，近80万中国旅客从洛杉矶入境美国，他们都是领馆的潜在服务对象。

面对不断增长的领保服务需求，电话不离身成为工作常态。在非工作时间，驻洛杉矶总领馆领保官员也会特别留意随身携带手机，在熟睡的后半夜接听领保电话更是家常便饭。

处理好各类求助案件、保护好海外中国公民与法人的合法权益是领保人员的工作重点。从常见的财物失窃、交通意外、人身伤害，到寻人寻亲、出入境受阻，乃至护照遗失、中介诈骗，日常接报的案件都需及时依法依规处置。

此外，领馆工作人员还需要对安全形势、多发案件进行跟踪，有针对性地发布领事提醒，为国人安全出行打好预防针。近两个月以来，驻洛杉矶总领馆已就在外打工、交通安全、驾照使用等发布领事提醒，让同胞在外更加顺利、安心。

近年来，驻洛杉矶总领馆领区的中国留学生数量猛增，相关领保案件频发。针对这一情况，自2011年起，领馆每年在高校新生入学时，深入校园为中国留学生开展"领事保护进校园"服务。领保官员与领区内各大高校密切配合，邀请校警、律师、心理医生走进留学生群体，通过播放视频短片、举办座

驻洛杉矶总领馆举行"领事保护进校园－南加州大学专场"活动。

谈和宣讲等方式，为留学生讲解安全常识和领保知识。

"目前，越来越多的中国留学生选择进入美国社区大学。鉴于这种新情况，今年我们的'进校园'活动将更多地面向社区大学，帮助那里的留学生更快更好地适应留学生活，并了解他们的领事服务需求，"周咏梅说。

她表示，驻洛杉矶总领馆一直在为应对日益增长的领保需求而努力。如果领馆的相关宣传工作到位，国人的安全意识也到位，很多不幸的案件都能够得到避免。

值得欣慰的是，如今越来越多的国人开始了解领保工作。周咏梅："现在不少出国的公民可以脱口说出领保热线 12308 了，很好记嘛，'08'就是'领保'的谐音。"

（新华社记者张超群）

"给每一名在美国的中国公民提供便利，是我们的本职工作"

——记中国驻纽约总领馆领保工作

"领事保护工作中既有帮助当事人排忧解难的喜悦，也有对方不理解我们工作而恶语相向的无奈，真是一句两句说不清楚。"

中国驻纽约总领馆领事马超日前接受新华社记者采访时感慨："其中的五味杂陈很难说清，但也让我体会到了'外交为民'的深刻含义。"

马超举例说，今年5月的一个上午，他在总领馆侨务组办公室接到一个电话。电话那端响起一名北方口音男子的声音："领事，你还记得我吗？俺是老张，俺已经回到老家了，身体也养得差不多了。谢谢你和副总领事之前专门到医院来看我。"

这是马超之前遇到的一个案子的当事人。当时，一艘中国货轮在驶近美国东海岸途中突发命案，船员两死一伤，死伤者均为中国公民，受伤的船员就是老张。由于语言障碍，老张在治疗中和医生沟通很困难。

驱车3小时到达医院后，马超和主治医生进行有效沟通，确保老张的康复治疗得以顺利进行。货轮上其他船员在领馆工作人员的安慰下，情绪也稳定下来。虽然事情完满解决，但是背后遇到的各种棘手状况只有马超和同事们了解。

在马超所在的纽约总领馆领区内，华侨华人、中国留学生、游客总数超过百万。当他们需要领事协助时，领馆工作人员都会全力以赴。"在我们遇到的案子中，有出入境受阻、意外事故，有失踪失联、人员伤亡，也有自然灾害、人命惨案。"

近年来，中美人员交流日益活跃。有数据显示，2015年中美人员往来475万人次，其中，中国赴美人数超过260万人次。平均一名中国领事保护官员，需要面对大约20万在美中国公民的领保需求。

2015年，驻美国使领馆为逾90万名外籍人士办理赴华签证，办理中国公民护照、旅行证、公证、认证、健在证明等领事证件近15万份，妥善处置领保案件3300余件。而纽约总领馆领区覆盖美国东部10个州，纽约、费城、波士顿等城市是华侨华人最为集中的地区，加上该地区丰富的旅游和教育资源，吸引了众多中国游人。

领事保护工作压力山大，马超不仅深有体会，也把同事的艰辛看在眼里。

"例如我们证件组的同事，颁发护照、旅行证都需要申请人本人到场，领事官员须面见当事人才能发证，住在较偏远地区的中国公民专门到纽约申办费时费力。为了给领区的中国公民更多便利，我们总领馆每年都会有几次专门去华侨华人集中的偏远地区办理证件。"

有一次去辛辛那提集中办证，早上6点半出发，开车11个小时才到，第二天一天全力办证，第三天夜里就回到纽约，"真是连辛辛那提的样子都没看清楚"。

每天的生活都过得忙碌且紧张，"但给每一名在美国的中国公民提供便利，是我们的本职工作。"马超说。

（新华社记者李畅翔）

赴美中国游客今年预计翻番
各界人士给出安全提醒

今年是中美旅游年，预计赴美中国游客将从去年的 250 万人次升至 300 万人次。随着中国游客激增，安全问题更加凸显。在 7 月 28 日中国驻旧金山总领馆召开的旅游合作与安全座谈会上，美国执法部门和公园管理部门代表以及中国驻旧金山总领馆官员向中国游客提出一些安全建议，希望中国游客加强防范。

贵重物品勿留车内　少带现金多用卡

旧金山警察局副局长加勒特·汤姆在座谈会上说，破车盗窃在旧金山非常猖獗，去年受害人报告了近 2.6 万起汽车被砸案件。作案人可在快至 30 秒内迅速将汽车玻璃砸开，盗走车内物品。他提醒中国游客不要把行李箱、手包和手提电脑等个人贵重物品留在车内，把车停在光线良好的地方，以免招来不法之徒。

中国游客被破车劫财的案件在旧金山时有发生。今年 6 月，几名中国摄影师在旧金山市区用餐后回到停车场，发现车窗被砸碎，留在车内价值 6 万多美元的专业摄影器材被洗劫一空，一同丢失的还有大批现金财物和他们在美国 20 多天拍摄的全部作品。

汤姆同时建议中国游客随身少带现金，尽量多用信用卡付款。即便身上有现金，最好也放在衣服前袋里，因为放在后袋很容易被窃。

严格遵守公园规则　不要喂食野生动物

美国有很多著名国家公园是吸引中国游客的热门景点。美国国家公园管理局太平洋西部地区负责人科林·史密斯说，希望中国游客遵守安全规则，在游览国家公园时确保人身和财产安全。

他说，驾车进入国家公园应注意不要因周围的美景而分心。有的国家公园地处沙漠地带，游客应备足饮用水，每人每天至少需要饮水 4.5 升。离开汽车时，游客不要把钱物、手提电脑等随身贵重物品留在车内显眼的地方。

对于美国国家公园里常见的野生动物，史密斯提醒中国游客不要靠近，远观即可，尤其不要喂食野生动物。国家公园常有熊出没，而熊喜欢找寻游人放在车里和露营地的食物，因此游客应妥善存放食物。

史密斯说，游客不能带走国家公园内的任何东西，包括一草一木一石以及野生动植物，否则会面临麻烦。据媒体报道，今年 6 月，一名中国游客在黄石公园离开指定观景区，踩过岩层去灌取温泉水，结果被公园管理人员罚款 1000 美元。

海外遇困难可拨 "12308" 求助热线

中国现在是美国第四大旅游客源国。中国驻旧金山总领事罗林泉在座谈会上说，2015 年赴美中国游客有 250 万人次，预计在中美旅游年里，中国赴美游客将上升到 500 万人次。

近年来，美国发生的涉及中国游客的案件有增无减。罗林泉说，中国驻旧金山总领馆每月会接报多起中国游客和留学生伤亡事件，接报的抢劫、盗窃案件更多。

他表示，中国驻旧金山总领馆高度重视对中国公民提供领事保护和协助。与此同时，总领馆也需要美国政府部门、执法部门、旅游部门的协助与合作，以加强对中国游客和相关旅游服务机构的安全意识教育，更好地保护中国公民的安全。

中国驻旧金山总领馆侨务组领事谭大有说，如果中国游客在海外遇到困难，可以拨打中国外交部设立的全球领保和服务应急呼叫中心"12308"24 小时热线电话，寻求领事保护。如果案件发生在驻旧金山总领馆领区，呼叫中心会协调总领馆跟进处理。求助人也可以直接拨打总领馆的 24 小时领保热线。去年这条热线接到 7000 多起求助电话。

（新华社记者马丹）

南美洲和大洋洲板块

NANMEIZHOU HE DAYANGZHOU BANKUAI

永远 是你的依靠 | 2016 中国领保纪实

让祖国的保护无远弗届

——记中国驻阿根廷使馆领保工作

  20 多年前初来阿根廷打拼的陈静女士，如今已是阿根廷华人进出口商会会长。回忆起当初第一次去中国使馆看到国旗时的感受，她说：

2016 年 9 月，政务参赞王晓林走访首都布宜诺斯艾利斯市 11 区的华商。

2015 年 11 月，驻阿使馆领事官员在机场送别滞留阿根廷的
"沪顺渔 809"船员。

2015 年 11 月，驻阿使馆领事官员在看望因南极邮轮失火被
疏散的中国游客。

2015 年 12 月，驻阿使馆领事官员就防止年底针对华人超市
的"哄抢"做阿执法部门工作。

"真是感觉回到家了，一肚子委屈想找人说……"

从开店第一天直到现在，陈静都在自己的小店里插上鲜艳的五星红旗，因为"看着国旗就感觉特别踏实"。在异国他乡，这份踏实不仅源自强大祖国的坚强后盾，还有中国驻阿根廷使馆为 18 万华侨华人编织的"领事保护网"。

近年来，随着中阿全面战略伙伴关系持续深入发展，来阿工作、旅游和投资的中国公民、企业日益增多，其中旅阿侨胞多为第一代华侨，遇到急事难事首先想到的就是找中国大使馆，他们对使馆领事保护工作有着很高的期待。

使馆领事部主任刘小洁介绍，领事部一年要处理百余起领保案件，平均2天一起，不分周末节假日，小到护照丢失、财物被盗、在阿滞留，大到亲人失联、意外死亡、渔业纠纷等，随时有事随时解决，基本是"7（天）×24（小时）"服务模式。

来自福建省连江县的郑女士2009年中专毕业后到阿根廷闯荡，经济困境和生活变故让她患上了精神疾病，几年前被好心侨胞送至一家精神病医院治疗。2014年，使馆收到院方函件，希望协助病情好转的郑女士实现返回祖国的愿望。

收到函件后，使馆领事部按规定启动领保应急预案。在使馆和侨界热心人士的共同努力下，最终促成连江县工作组去年9月来阿将郑女士接回国内。回国后，郑女士的家乡为其建了三间房屋妥为安置，并解决了她的基本生活问题。

2015年3月，驻阿使馆领事官员在机场送别郑美娟。

"处理领保案件常常涉及亲人离散、生死病痛，让人长年思想压力大，超负荷工作，但如果尽我们绵薄之力，能够帮助一个无助的同胞尽快找到亲人，尽快回家，让中国人切实感受到祖国的保护无远弗届，就真正实现了外交为民，"刘小洁对记者说。

阿根廷很多华侨华人从事超市生意，克勤克俭，低调隐忍，遇到敲诈勒索被抢被盗大多忍气吞声。2009年至2011年，华人黑帮侵扰华人超市的事件不断增多，引起了中国使馆的高度重视，构建"安全网"的行动随之启动。

自 2011 年以来，中国公安部两次派遣工作组来阿根廷现场办案，还在驻阿使馆派驻警务联络官并公布了 24 小时热线报警电话。中国驻阿根廷大使杨万明多次约见阿高层官员，商议深化中阿执法合作，共同保障在阿华侨华人的生命财产安全。

今年 6 月，阿根廷警方在中国公安部和驻阿使馆通力协助下成功打掉当地最大的华人有组织犯罪团伙，侨界直呼大快人心。阿根廷安全部长布里奇评价说，"这是中阿执法合作历史上打击有组织犯罪活动的一次最重要的行动"。

中国驻阿根廷使馆领事部人手少、任务重，除了日常领事证件工作和值守 24 小时领保电话，有时还要奔赴千里之外处置领保案件。驻阿使馆在提供领保服务的同时，还注意协调组织侨团以发挥其联系互助的职能。

2014 年 9 月，布宜诺斯艾利斯省一家华人超市发生火灾，店主的妻子和儿子两人遇难，店主被烧成重伤。灾难发生后，侨胞们在使馆和侨团组织下纷纷伸出援手，并在使馆内举行了善款转交仪式。杨万明大使也参与捐款，并鼓励侨团弘扬这种团结互助的精神。

领事保护工作让人"看尽人间百态，心里五味杂陈"。刘小洁坦言，目前领事保护工作的复杂性和艰巨性日益突出，社会和公众对领事保护的要求不断提高，"有时候压力挺大的，但是为了让祖国的保护无远弗届，践行外交为民的宗旨，我们责无旁贷"。

（新华社记者叶书宏、赵燕燕）

为了同胞来澳更方便
——中国驻澳大利亚使馆领事保护工作一瞥

　　近几日，许多在澳大利亚的中国人都发现自己的微信朋友圈被一条消息"刷屏"：从今年6月20日起，持电子护照入境澳大利亚的中国公民都可以使用名为"智能门"的自助通关系统入境。

　　自助通关的好处显而易见。从中国来澳的航班多数是夜间飞行，第二天早上抵达。经过近10个小时的长途飞行，还要再排半小时的队查验护照、出海关，这让不少中国游客疲惫不堪。而自助通关系统可以大大缩短出关时间，还能减少人工验放时海关官员的主观因素。

2013年7月，堪培拉的中国签证申请服务中心开始提供服务。

2016 年 8 月 7 日，应堪培拉澳华会邀请，驻澳大利亚使馆代双明参赞前往堪培拉多元文化中心与当地华侨华人社团成员进行领事工作交流。

2016 年 8 月 7 日，中国驻澳大利亚使馆总领事代双明为堪培拉华人华侨现场答疑解惑。

这一做法从去年开始试运行，今年 6 月 20 日起正式实施。许多人可能不知道，在澳政府这个决定背后，凝聚了中国外交领事官员持之以恒的努力。

早在 2014 年，中国驻澳使领馆全部开始签发电子护照，驻澳大使馆外交官第一时间拿着电子护照的样本和介绍材料，向澳大利亚移民和边境保护部的官员推荐，说明我电子护照符合国际民航组织标准，完全满足澳自助通关的条件，希望尽早对中国公民开放自助通关。

而让我方更有底气的一组数据是：2015 年，中国赴澳游客数量首次突破 100 万，在澳中国留学生达 26 万人。中国外交官向澳官员表示，中国公民在澳遵纪守法，自助通关既能方便中国访客，也有利于澳自身发展，同时能大幅提高澳边境验放效率。

"我们既要从自己角度出发，也要考虑对方需求。实践将证明，这次给予中国游客自助通关待遇是双赢的，"中国驻澳使馆领事参赞代双明对记者说。

中国也是澳大利亚最大的留学生生源国。澳方前不久宣布自7月1日起简化留学生签证政策，中国留学生成为最大的受益人群。

中国驻澳大利亚使馆出版的领保小册子。

代双明说，中澳两国领导人对人员交往高度重视，几乎每次会晤都会谈及。推动公民便捷出国是外交工作中的一项重要内容。"近年来，澳大利亚推出了一系列便利中国公民来澳的签证和入出境便利措施，这既是我国综合国力提升的反映，也是澳大利亚自身发展的需要，更是中澳关系不断发展的结果。"

他同时建议："每个走出国门的中国公民都应遵纪守法，尊重当地风俗习惯，文明出行，这对推动公民便捷出国具有不可忽视的作用。"

（新华社记者徐海静）

撑起保护伞　构筑避风港
——记中国外交官一次特殊的护照办理服务

"中国驻外（使）领馆就是我们（海外）游子的家，是避风挡雨的港湾，你们是我们的亲人、家人！"今年3月，侨居澳大利亚的76岁中国退休老人吴亨吉在给中国驻悉尼总领馆的感谢信中这样动情地写道。

吴亨吉不久前接受了中国外交官一次特殊的护照办理服务。和许多出国在外的中国人一样，他们从中国外交官的辛勤工作中真实感受到祖国的温暖。

吴亨吉和老伴蒋云丽都是上海人，两人曾一起在上海汽车集团总公

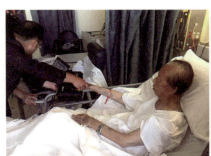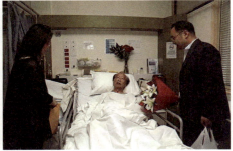

中国驻悉尼总领馆领事官专门赴医院为吴亨吉老人办理护照。

感谢信

感谢　中国驻悉尼总领事馆

感谢　领事部主任邸元兴先生
　　　领事王萍女士

　　我感谢您们，是您们在平凡中给我这个普通公民送来温暖和关心；是您们想病人所急，为我一个普通的病员。急念那份焦难，解除了我的焦急和担心——补办了代表身份的中国护照；更是您们让我这个海外游子进一步体会到中国驻悉尼领事馆就是我们游子的家，是遇风招雨的港湾；您们是我们的亲人、家人！

　　我的病症确实比较特殊，有个一身福太而病金森综合症和突如其来不明原因的血小板减少症，最低时到千来，对我造成了后来行动比较困难的人再来了切切限止，真是雪上加霜。可是我的亲人们——领事馆的领导和同志们，为了我打破了正常的工作惯例，想由作为我解决问题，您们的工作作风和工作态度是值得给您的。当我看到您们手捧着鲜花，提着礼品和仪器和水果来把我病房的那一刻，我无比激动，万分感动。我激动得说不出话来，为我这样的人办，让您们领事馆的领导邸元兴

主任和领事王萍她，顶着炎热的夏日，开了一个多小时的车来到医院。您们的血浓情义，我铭谢难忘。你们的行动感动了我们的全家，也感动了病房中的外国病友们，那位护士长就竖着大姆指说，Very good！China！

　　我知道，我的特殊情况并非是唯一，也许会因我成，给我们的领事馆以后的工作带来更多之人力和负担。但我坚信，您们的是好样的！您们会做得更好！也会得到更多的赞扬，您们是我们省心的亲人，您们也是中国梦的实践者！

　　我祝福您们！祝您们身体健康，出入幸福，快乐，工作顺利！

　　最后我还是要再说一声，谢谢您们！谢谢同志们！！

　　　　　　　　　　一个普通的病人，
　　　　　　　　　　一个普通的老公民　吴亨吉　蒋云丽
　　　　　　　　　　　　　　　　　　02/03/2016.

吴亨吉老人交给中国驻悉尼总领馆的感谢信

司工作。近年来，退休的老两口一直侨居澳大利亚，与孩子们生活在一起。

　　吴亨吉罹患帕金森症已经 11 年了，今年初他又出现突如其来不明原因的血小板减少症，不得不立即入住当地医院。按照医院要求，老伴蒋云丽带着护照前去登记。谁料祸不单行，因为照顾病人缺少休息再加上心绪不定，老伴在路上把他的护照丢了。

　　补办护照有一套严谨的手续：本人到场、照相、指纹采集、签名采集等，一样不能少。可是吴亨吉原本行动不便，最新的医嘱则是限制行动。这可怎么办？

　　老伴蒋云丽尝试着给中国驻悉尼总领馆写了一封求助信。

"都是我不小心，丢了护照"，"作为中国人，丢了护照感觉就像找不着家一样"，求助信的字里行间充满着焦虑和无助。

收到信后，悉尼总领馆领导立即决定让外交官为吴老先生上门办证。

中国驻悉尼总领馆领事部仅有 6 名领事外交官。近年来，中澳人员往来规模不断扩大。2015 年，悉尼总领馆办理签证 13 万份、公证 8000 份、护照近 4000 本、认证近 7000 份，还要负责数以千计的领保案、24 小时领事保护值班电话等。

虽如牛负重，仍奋勇前行。激励外交官们的是使命和信念，是对同胞的关心和对职责的担当。

2 月 18 日，邱元兴和王萍两位领事驾车 1 个小时来到吴亨吉所在的医院。他们一个提着重重的办理护照专用仪器箱，另一个拿着送给病人的鲜花和水果，走进老人的病房。

8 月 25 日，在澳大利亚悉尼，中国驻悉尼总领馆工作人员与首批志愿者合影。新华社记者朱宏业摄

"那一刻，我无比震撼，万分激动，你们的深情厚谊，我终身难忘。你们是我们看到的希望，你们也是中国梦的实践者！"吴亨吉在感谢信中说。

人间真情一刻，吴亨吉的老伴蒋云丽激动地只是一个劲儿地说"谢谢"。

正在病房的医院护士长得知中国外交官上门服务，竖起了大拇指。

邱元兴领事却谦虚地说，这是中国驻外使领馆一贯的作风，是外交部的要求。

"人民的利益大于天"，中国外交部长王毅在今年的全国人大第四次会议的一次新闻发布会上说，"同胞走到哪里，我们的领事保护就应该跟随到哪里。我们将全力为大家撑起一把越来越牢固的保护伞、安全伞。"

这是对中国外交官的要求，更是中国外交官对中国人民的庄严承诺。

（新华社记者张小军、匡林）

"中国留学生被黑帮盯上"报道不实

——访中国驻墨尔本总领事宋昱旻

就日前澳大利亚当地媒体和部分社交平台以"墨尔本的中国留学生被黑帮团体盯上"为题的报道，中国驻墨尔本总领事宋昱旻4月22日接受新华社记者专访时表示，这一方面是部分媒体的信息滞后和误读，另一方面总领馆一直在多方推动工作，充分发挥总领馆已有的保障留学生安全长效机制的作用。

宋昱旻告诉记者，他22日已同维多利亚州高等和职业教育厅长赫伯特专门通话，就此事交换意见。他认为，新闻媒

事件由头：2016年3月12日晚10时左右，澳大利亚墨尔本两个帮派在市中心联邦广场发生冲突，场面一度混乱，波及路人和附近普通市民。当地部分社交平台为获得点击量，以"墨尔本沦为战区、枪声四起、针对中国留学生"等字眼进行夸大不实传播，引发关注。

体最近报道的事件是一般意义上的治安事件，并非针对中国留学生，有关报道有"夸大、不实"之嫌。

3月23日，宋昱旻接受新华社专访，再度强调媒体报道的是一般意义上的治安事件，并非针对中国留学生，近日媒体有关报道"夸大、不实"。墨尔本分社归清摄

他强调，维多利亚州整体治安环境良好，州政府对中国留学生状况高度重视，"州政府愿为中国学生创造良好的学习和生活环境"。

年初以来，中国驻墨尔本总领馆陆续收到几起留学生手机被抢的报告。随后3月12日夜，墨尔本市中心联邦广场的治安事件经部分社交网站夸大报道，在中国留学生中引发恐慌。总领馆对这一事态高度关注，一方面敦促警方、数所学校加强对留学生的安保，同时向学生发布安全警示，开展领保进校园活动，提升学生们自我防范意识。

然而日前，澳大利亚当地主流英文媒体纷纷以"中国留学生成为黑帮袭击目标"为题接连报道，再度引起关注。

宋昱旻说："近来总领馆亦未再次接到有关中国留学生被抢劫事件的报告。当地英文媒体和华文媒体相互影响，近期英文媒体的报道是滞后的消息，他们对前阶段华文媒体报道的东西，重新拿出来进行新一轮发布，其实不是新闻。"

他特别指出："有关留学生安全的工作，我们一直在推动包括维州政府、当地警方、大学等各方力量协同去做，并且作为总领馆一项重要

3月事件后不久，当地部分社交平台再度以"墨尔本的中国留学生被黑帮团体盯上"为题进行报道。4月22日，中国前驻墨尔本总领事宋昱旻接受中国媒体采访时表示，这是部分媒体的信息滞后和误读，另一方面总领馆一直在多方推动工作，充分发挥总领馆已有的保障留学生安全长效机制的作用。墨尔本分社归清摄

的长效机制，不断在巩固加强，使之更加有效和完善。正是因为早就有一整套机制的存在，3月中旬的事件才能迅速应对，立刻就有领保进校园（活动）。因为前期就建立了顺畅的沟通机制，我们第一时间就同维州警方副总监取得联系，通过各方努力澄清事实，平息事态。"

宋昱旻表示，在维州的中国留学生基数大、增长速度快，安全问题事关留学生切身利益和中澳两国教育合作健康发展。他充分理解媒体和社会各界对学生安全的关切，但不希望有关夸张性报道引起学生和家长恐慌。

他说，总领馆同州政府、警方共同努力，各方已切实采取措施。"总领馆将继续关注中国留学生校园安全问题，继续与当地警方和校方合作，促其加强校园和校园周边安保，希望学生们和国内的亲人放心。"

（新华社记者宋聃）

中国驻墨尔本总领馆举办 "领保进校园" 讲座

中国驻墨尔本总领事馆 3 月 23 日在墨尔本大学举办名为"领保进校园"的讲座，针对近期当地发生的治安事件向中国留学生代表介绍领保知识。

中国驻墨尔本副总领事林静说，3 月 12 日晚墨尔本市中心发生街头帮派暴力事件，社交媒体平台上出现的一些言过其实的所谓"报道"在学生和家长中引发恐慌。总领馆第一时间了解情况，对各方关切作出回应，随后与维多利亚州警方重点围绕加强留学生领事保护工作进行了交流，希望警方加强大学周边的安全保障措施，增强留学生的安全感。他还介绍了领事保护的概念和范围，希望中国留学生了解当地法律，提高自我安全保护意识，学习之余要与家人朋友保持联系沟通。

维多利亚州政府和警方、墨尔本大学安保负责人也出席了讲座，介绍了相关安保知识和求助咨询渠道。维州警署高级警官沃驰说，3 月 12 日晚中国留学生手机被抢，警方组织了专门力量在追查这一事件，有望在近期取得进展。

维多利亚州政府国际学生中心的徐蕊表示，留学生可以在该中心获得法律咨询帮助。墨尔本大学校方安保负责人也介绍了校方提供的保安护送服务以及遭遇危险或抢劫时报警的渠道和流程等。

这场讲座由墨尔本大学中国学生会协助组织。

（新华社记者宋聃）

相约里约，驻巴西使领馆在你身边

——专访中国驻里约总领事宋扬

第 31 届夏季奥运会于 8 月 5 日在巴西里约热内卢开幕，南美大陆历史上首次迎来这一全球盛会。6 月 23 日为国际奥林匹克日，中国驻里约总领事宋扬在接受新华社记者专访时表示，当中国奥运军团为国争光时，当中国公民加入奥运大家庭联欢时，中国使领馆就在你身边！

东道主应该赢得掌声

宋扬总领事于 2013 年底到任，两年多的时间里见证了里约筹办奥运会所进行的各种努力。

里约申奥成功以来，巴西各界为奥运会的成功举办付出了艰苦努力，克服了许多困难，在基础设施、奥运场馆方面投资巨大，里约城市面貌发生了显著变化，会给后人留下不少奥运文化遗产。尽管近两年巴西遭遇经济衰退和政治旋涡，但是巴西老百姓支持奥运会的热情仍然高涨，各项筹备工作没有停顿，巴西为国际奥林匹克运动所做出的贡献值得充分肯定。

中国驻里约总领事宋扬在接受新华社记者专访。

"我认为，里约奥运场馆、奥运村建设与里约世界文化遗产有机结合，体现了艺术创意与环境、人文的融合，尤其值得称道。里约奥运会凝聚着许多人的心血，以里约奥组委为代表的东道主应该赢得全球的掌声！"宋扬说。

里约与北京是姐妹城市。在 8 年时间里，南北半球两个最大发展中国家的最知名城市相继举办奥运会，这既是巧合，也是必然。宋扬表示："中巴两国同是发展中大国，同是为弘扬奥林匹克精神而无私奉献的主办国。北京与里约既是姐妹城市，也同为奥运之城。作为全面战略伙伴，中国衷心期盼里约奥运会能够取得圆满成功！"

使领馆在你身边

中国目前在巴西首都巴西利亚设有大使馆，在里约热内卢、圣保罗和累西腓分别设有总领馆。宋扬介绍说，里约奥运会是中国驻巴西使领馆今年的核心工作之一，也是一项系统工程。自 2014 年巴西世界杯之后，中国驻巴西大使李金章就提出"里约奥运计划"，开展前期调研、筹备、动员。在过去的半年中，李金章大使已两次召开使领馆联席会议研究部署奥运相关工作，他亲自做里约奥组委、联邦政府、州、市政府负责人工作，并赴奥运场馆等设施考察。中国驻巴西使领馆全程参与奥运吹风会，与主办方保持经常性沟通，与奥运会举办城市和中国奥运军团适应性训练基地圣保罗主管部门建立起联系。目前，奥运代表团接待、领事保护、新闻与公共外交、推动"中国制造"参与奥运、志愿者动员等工作正紧锣密鼓、全面有序展开。

宋扬称，中国海外利益保护、"海外民生工程"始终是驻巴西使领馆工作指针。使领馆是中国公民走出国门的家。为了让大家更好享受奥运带来的快乐、平安观赛、观光，中国驻巴西使领馆积极开展预防性领事保护工作，在外交部指导支持下形成四馆联动的领事保护工作网络，进一步细化应急处置机制和领保预案，与巴西联邦警察部门、相关州安全厅建立沟通渠道，公安部已在驻里约、圣保罗总领馆派驻临时警务联络官。

此外，中国驻巴西使领馆借助传统媒体和新媒体广泛介绍奥运和领事服务信息。中国驻巴西使馆早于2014年即推出"巴西专线"微信公众号。今年，中国驻圣保罗总领馆推出"中国驻圣保罗总领馆"微信公众订阅号，与巴西华人协会、圣保罗州军警总司令部联合制作《市民自我保护手册》中葡文对照版。中国驻里约总领馆推出"里约奥运贴士"

中国驻里约总领馆奥运期间开展领事保护相关工作。

中国驻里约总领馆在奥运期间开展领事保护相关工作。

官方微博，印制了《中国公民领事保护和协助简明指南（里约奥运版）》、与里约市旅游局合作印制了《里约热内卢官方旅游地图（中文注释版）》，并将里约州安全厅《公共安全指南》译成中文。

在奥运期间，中国驻巴西使领馆将在奥运村附近增设临时办公室。"当中国奥运军团为国争光、当五星红旗高高升起的时候，当大家加入里约奥运大家庭联欢的时候，中国使领馆就在你身边！"宋扬说。

中国公民应增强安保意识

最近一段时间，里约治安问题引起广泛关注。根据里约州公共安全研究所发布的最新数据，2016 年 1 至 4 月，里约州共发生谋杀案 1715 起，同比增加 15.4%，平均每 10 万人 10.27 起，相当于中国、德国、瑞士等国的 40 多倍。抢劫行人案总计达 38461 起，同比增加 23.7%。中国驻里约总领馆近期已经处理数起中国公民遭持械匪徒抢劫的案件。

宋扬表示："综合各方的忧虑，我个人认为，里约奥运可能面临多重安全挑战，既有国际恐怖主义这种输入型威胁，也有由于社会问题而引发的公共安全威胁，包括持械抢劫、团伙抢掠、偷窃、绑架、警匪枪战、盗刷银行卡等，还有公共卫生引发的传染疾病和恶性交通事故。安全威胁并非仅针对外国游客，当地民众同样是受害者。"

他指出，尽管东道主对里约奥运会的安全保障负有不可推卸的责任，使领馆要充分履行领事保护职责，但最好的、最有效的保护是自我保护。他说："我希望所有即将来里约参赛、观赛、工作、旅游的中国公民务必提高警惕，做足功课。欢迎大家浏览使领馆网站、官方微信、微博信息，请抵达里约国际机场后主动向旅游局服务点索要中文注释版地图，也可在市内和奥运场馆的旅游局服务亭索取中文资料。我们将竭诚为大家服务，我馆领保值班电话是 0055 — 21 — 987625124。预祝大家里约奥运之行平安快乐！"

（新华社记者陈威华、赵焱）

为中国公民做些实实在在的事
——记中国驻圣保罗总领馆领事保护工作

　　圣保罗是巴西最大城市,也是中国公民前往拉美地区的重要中转站,这里有近 30 万中国侨民、上百家中资企业工作人员,中国驻圣保罗总领馆领事保护工作任务艰巨。

　　随着中国和巴西经贸与合作不断加深,圣保罗领保工作压力也逐年上升,据驻圣保罗总领馆领侨室主任孙鹏远介绍,仅 2015 年总领馆就处理各类领保案件近 200 起。

　　领保工作涵盖内容繁多:中国公民丢护照、入境受阻、经济纠纷、遭遇盗抢、意外的善后工作、定期探视中国籍服刑人员等。谈起这些,总领馆侨务领事张于成讲起他难忘的一件事。

　　今年 4 月,总领馆接到一个求助电话,国内一位年近八旬的老人来圣保罗看望在当地经商的儿女,结果意外重病住院,生命垂危。"老人想'落叶归根',希望能尽快回国接受治疗,但老人病情危急,联系回国航班、办理相关手续十分繁杂,家属就找到了总领馆。"张于成回忆道。

　　总领馆先帮忙联系了航空公司，他们发现，由于老人情况特殊，途中需要医疗团队和设备维持，不能乘坐普通民航航班，最后帮老人家属找到了一家巴西本地航空公司，决定包机将老人送回国。

　　总领馆为此与中国驻巴西大使馆多次协调，特事特办，为巴方医疗团队和机组人员加急办理了中国签证。圣保罗的侨团同时也帮忙联系国内相关部门，安排120急救车前往国内机场停机坪，最终顺利将老人护送回国。

　　副总领事傅长华说："海外领保工作辛苦，领保人员几乎没有节假日，工作经常是'白加黑'，但能为境外的中国公民做些实实在在的事，是领保人员义不容辞的职责，也是将'外交为民'落到实处的要求。"

　　由于经济下滑，巴西社会治安恶化，圣保罗、里约热内卢等大城市恶性犯罪案件多发。去年11月，一名中国公民在圣保罗州圣母城一家旅馆被歹徒残忍杀害，在当地华侨华人中引起巨大反响。案件发生后，驻圣保罗总领事陈曦立即召开紧急会议，部署相关工作，并敦促警方全力侦破案件。

　　在中方敦促下，当地警方对此案非常重视，连夜侦破，迅速锁定并抓捕了嫌疑人，目前此案已进入司法审理阶段。

　　如今，在总领馆与巴西华人协会的大力推动下，多名侨领入选圣保罗市中心警民社区治安委员会，有效建立了警民联动机制，大大改善了华人社区的治安状况。

　　傅长华表示，面对领区领保工作日益繁重的现实，最好的办法是防患于未然。总领馆开动脑筋，加强预防和宣传工作，并为此开设了微信公众号，实时推送领事资讯服务和领区动态，吸引了不少关注。

　　2016年6月初，总领馆、巴西华人协会和圣保罗州军警总司令部还联合推出了中葡双语版《市民自我保护手册》，里面归纳了生活中需要注意的各种基本安全事项。这是巴西第一本系统地面向华侨华人、中资企业、留学人员以及来巴西旅游观光的中国游客介绍安全方面相关信息的手册。

"奥运会即将在里约热内卢举行，届时将有大量中国运动员、媒体记者和游客途经圣保罗或在圣保罗观光旅游，相信这本手册也将对平安奥运做出贡献。"总领事陈曦在《手册》发行仪式上道出了推动编译《市民自我保护手册》的另一个重要目的。

（新华社记者荀伟、王正润）

在哥伦比亚开展领保工作

2016 年 5 月，中国驻哥伦比亚大使馆主管领事保护工作的政务参赞孙怡和领事颜金龙接受新华社记者的采访，讲述了他们以人为本，保护中国公民安全、维护中国公民合法权益的几个领保小故事。

保障安全

在哥伦比亚开展领保工作，最严峻的挑战就是该国的治安形势恶劣。由于历史原因和政府职能部门乏力，哥深陷贫富差距、腐败、反政府武装、毒品等问题的恶性循环中。全国 32 个省中有 17 个属于"橙色警报"地区，其余为"黄色警报"地区。根据有关机构评估，全球 50 个最危险的城市中哥伦比亚占 7 个。

2011 年 6 月 8 日，我某驻哥企业 4 名中国工人在游击队活动区卡克塔省被绑架。我使馆通过各个渠道、多种途径同哥政府、军方、国际红十字机构等方面联系。经过一年半的斡旋，终于在 2012 年 11 月使 4 名中国工人安全获释。

"中国政府对于自己公民的人身安全事件非常重视。"孙怡说。

中国驻哥伦比亚大使馆主管领事保护工作的领事颜金龙在处理领保公务

　　尽管近年来恐怖案件有所减少，但偷盗、抢劫案件仍层出不穷。我商务人员、侨民、留学生、游客遭遇偷窃、抢劫的情况时有发生，使馆都会尽力向受害者提供协助。

　　我驻哥企业员工曾在办公楼附近遭遇有针对性的打劫。孙怡说，使馆获悉此事后，通过各种渠道与所在地区警方沟通，敦促他们采取措施。当地警方增派警力，加强巡视，设立临时岗亭，相关办公区域及周边的治安状况得到明显好转。

沟通维权

　　在哥华侨华人传统上主要从事餐饮业，近两年来从事服装、百货批发零售的侨民有所增加，他们对当地市场行情和税务规定不太了解，导致了不少麻烦。

　　2015 年底，当地有关部门查抄了一些中国人的商铺，在华侨华人中造成了紧张情绪。使馆一方面了解情况、安慰侨胞，同时与当地警方、海关、缉私部门沟通，请他们介绍执法情况与经过，以及进口关税方面的规定。

颜金龙说，针对敲诈性质的粗暴执法，使馆与有关部门严正交涉，保护了中国人的合法权益。

"有次遇到侨胞货柜被查扣，尽管跟相关人员解释并出示了有关文件，他们还是找借口拒绝放行。使馆获悉后立即跟相关人员交涉，指出我们的手续、单据都是齐全合法的，驳回查扣的各种借口，使货物最后得以被顺利放行。"颜金龙说。

调和矛盾

有时候，在哥华人群体中会出现劳资纠纷。这时候，使馆也会出面协商、劝说，使双方达成一致，避免矛盾激化。

一些来到哥伦比亚务工的中国人对情况不了解，来了以后觉得条件没有想象中好，心里落差较大，与雇主产生矛盾。

颜金龙说："有一家制鞋厂雇了一名设备安装技术人员，这名雇员来哥之后不满意，尝试私自出走，所在企业就把他的护照扣了。他因此到使馆请求保护。我们根据实际情况，把双方问题责任分析清楚，经过使馆领导、侨领等方面4个多月的介入与协调，促成双方达成一致。帮助他从公司获得了经济补偿，并拿到护照，顺利回国。"

作为领保人员，手机24小时开机，随时接受咨询，工作繁重，已成常态。目前生活在哥伦比亚的华侨华人共有2万人左右，"不论个人还是公司，在外面都是不容易的，能帮的一定帮助大家，这也是国内对我们的要求。"颜金龙说。

（新华社记者何珊）

海外华商受冲击　融入当地是关键

也许你不知道这个国家盛产黄金，但说不定你曾经品尝过它香醇的咖啡、欣赏过它质量上乘的祖母绿，这就是南美国家哥伦比亚。但是最近几天，我们听到这个国家的名字，却是因为那里发生了针对当地华商的抗议活动。

当地时间 2016 年 5 月 25 日，在位于哥伦比亚首都波哥大市中心的一家服装批发市场，约 50 名当地商贩针对华人商铺举行抗议活动。这一情况立刻引起了全球华人的关注，牵动着大家的心。

事态逐渐趋于平稳

5 月 18 日，当地商贩在波哥大市中心发起了针对华人商铺的抗议活动，呼吁"购买国货"，指责华侨商人"抢占其生意"、"威胁其生存"。

随后在 5 月 23 日，哥执法部门根据举报，以涉嫌走私、偷税漏税查抄了部分华侨商铺，并以涉嫌非法居留抓扣了 13 名华侨。

在 5 月 25 日的抗议活动中，当地商贩与华人商铺的店员发生了摩擦，出现了推搡华人店员、踢踹商铺卷帘门等行为，所幸没有造成华人受伤或财产损失。

中国驻哥伦比亚大使馆在事件发生后迅速作出反应，紧急约见哥外交部、移民局、海关税务局、缉私警察局等相关部门负责人并提出严正交涉，要求对方秉公执法，采取有效措施保证中国公民的人身安全及合法权益。经过交涉，被抓扣的华侨均已获释，部分人员"因居留身份有问题"而被要求限期离境。

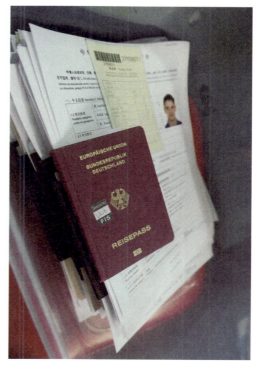

使馆的工作得到了在哥侨商的支持和欢迎。

使馆负责同志表示，使馆将密切关注有关事态进展，一如既往地全力维护广大在哥侨胞的合法权益。同时，还将为华商与当地执法机构和商业协会搭建机制化的沟通平台，加强华商对当地法律法规的了解，降低摩擦和纠纷概率。

华人受害事件频发

这是哥伦比亚首次发生较大规模针对华商的抗议活动。近年来世界多地发生的针对华侨华人、特别是华商的风波和犯罪行为屡见不鲜。

2015年上半年，至少4名侨胞在巴拿马遭遇暴力抢劫事件后丧生，继而引发巴拿马华商举行全国罢市；2014年8月，纳米比亚发生多起华商遭抢事件；2014年3月底，短短两天内在南非共发生四起针对华人的恶性抢劫案件，两名华人遇害身亡，一家华人酒吧被炸，一名华商被洗劫。

更早时候，2013年12月，阿根廷国内局势动荡引发哄抢风波，共58家华商超市遭受冲击，一名业主不幸遇难；2013年11月，莫斯科警方对华商集中的一家商贸中心展开多次突击行动，并扣留部分华商；而早些年西班牙、意大利等国也多次发生烧鞋事件，试图抵制中国制鞋进入当地市场。

专家指出，在当前世界经济不景气、全球贸易持续低迷的大背景下，很多华商凭借吃苦耐劳、勤劳肯干的创业精神，以及"中国制造"产品的竞争力，在世界各地将生意做得风生水起，这容易引发当地商贩不满。在这样的社会环境和舆论氛围下，一些华商吸引了不怀善意的目光，成为抢劫、绑架、谋杀等恶性犯罪事件的受害者。

尊重习俗融入当地

很多专家和侨领指出，广大侨胞背井离乡赴海外打拼，在积极营生之外，也要采取一些措施，加强安全防范意识，尽可能规避风险，避免类似的暴力事件发生在自己身上。

首先，要注意遵守当地法律法规、遵循风俗习惯。遵守当地法律永远是确保正常经营的重要保障和基础，要从海外华商整体的长远利益着想，守法守规经营。此外，华商来到一个新的地方开展经营业务之前，最好能向已在当地扎根多年的同胞请教，多了解一些当地的风俗习惯甚至行规，避免自己在无意之中惹上麻烦。

其次，要积极融入当地社会。华商普遍习惯于闷头做生意，与当地社会接触不多，总给人一种神秘感。平时要努力搞好邻里关系，加入当地社团、商会，以开放的心态将当地当成自己的"第二故乡"，积极融入当地社会。独乐乐不如众乐乐，在获得丰厚收益的同时还可以积极从事慈善事业，回报当地社会和百姓，促进共同发展。

第三，要注意加强同当地政府部门之间的联系。华商与当地商贩之间发生的摩擦多由互相不了解引起，如果能加强同当地政府部门之间的沟通和联系，积极寻求当地政府部门的协调与帮助，很多问题就能在萌芽阶段"大事化小，小事化了"。此外，要学会在必要时刻借助法律的力量来维护自身的权益。

第四，要注意"财不外露"。随着近年来中国经济迅速发展，国人在外通常会给人留下"有钱"的印象。受消费习惯的影响，国人外出总会随身携带大量现金，而且往往遇到抢劫之后选择息事宁人、破财消灾而不是报警求援，这容易激起犯罪分子歹意。

最后，遇到险情及时通知使馆申请领事保护。近年来，我国在领事保护工作方面投入了大量的人力和物力，一次次向在海外遇险的同胞伸出援手，让他们感受到祖国母亲的温暖。强大的祖国永远是每一位华侨华人在外遇到困难时的坚实后盾。

（新华社记者何珊、陈寅）

中国驻奥克兰总领馆领事：
留学生需增强安全防范意识

针对近期中国留学生在新西兰奥克兰频繁遭遇暴力抢劫事件，中国驻奥克兰总领事馆教育领事房东波 2016 年 4 月 30 日强调，中国留学生需增强安全防范意识。

中国驻奥克兰总领事馆当天召开包括华侨华人、中资企业、中国留学生代表参与的领事服务座谈会，向他们全方位介绍领事服务和保护的各项内容，听取他们的建议和心声。

房东波说，当前中国留学生的安全面临两大问题：首先，留学生自我安全防范意识亟待增强；其次，留学生遇险后不报警，不上报领事馆，难以获得充分的领事保护。为此，他呼吁中国留学生采取在领事馆教育组网页注册并登记、积极参与入学迎新时的安全教育活动、积极参加留学生组织等方式，全面保障求学期间的个人安全。

中国驻奥克兰副总领事罗斌辉说，为提供及时优质的领事服务，领事馆制定了预防与处置并重的方针，在领区内建立联络员机制，争取今后实现领区全覆盖，并计划在奥克兰以外领区开辟更多现场办公点；继续定期与当地主要政府机构协商沟通，着力打造大领保格局。

近 50 人出席了座谈会，中国驻奥克兰总领事馆领保、证件、教育和侨务业务的负责人分别介绍了情况，提出工作计划。一些侨领说，侨居新西兰 20 多年，这是首次全面深入了解领事服务和保护的内容，收获很大。

（新华社记者田野）